그게,
가스라이팅이야

THE GASLIGHTING RECOVERY WORKBOOK

Copyright © 2020 Callisto Media, Inc.
First Published in English by Rockridge Press, an imprint of Callisto Media, Inc.
Korean translation copyright © 2021 by Editory

이 책의 한국어판 저작권은 대니홍 에이전시를 통한 저작권사와의 독점 계약으로 에디토리에 있습니다. 신저작권법에 의해 한국 내에서 보호를 받는 저작물이므로 무단전재와 복제를 금합니다.

그게, 가스라이팅 이야

에이미 말로 맥코이 지음
양소하 옮김

자기 불신에서 벗어나
삶의 확신을 되찾는 자아회복 지침서

EDITORY

일러두기
이 책에 등장하는 내담자들의 이름은 모두 가명입니다.

가스라이팅의 아픔 속에서도
자신을 잘 지켜준
놀랍고도 용감한 내담자들에게
이 책을 바칩니다.

CONTENTS

들어가며 스스로를 의심하고 있는 분들에게 … 7

1부 삶을 뒤흔드는 가스라이팅
1장 · "내가 틀린 걸까?" 자기 불신을 만드는 가스라이팅 … 14
2장 · "네가 틀렸어" 가해자의 또 다른 이름, 가스라이터 … 30

2부 가스라이팅에서 온전히 벗어나는 자아회복 3단계
3장 · 1단계: 자기 연민 상처의 존재를 인정하기 … 46
4장 · 2단계: 자존감 형성 나 자신을 긍정하기 … 82
5장 · 3단계: 경계 설정 죄책감 없이 싫다고 말하기 … 126

3부 보이지 않는 상처를 치유하는 트라우마 치료
6장 · 자기 관리 건강한 라이프스타일을 만드는 법 … 182
7장 · 관계 관리 자존감을 잃지 않는 관계 구축하기 … 216

나가며 가스라이팅 밖으로 온전히 탈출한 분들에게 … 250
감사의 말 … 252

들어가며

스스로를 의심하고 있는 분들에게

"아빠를 제 인생에서 도려내고 싶어요. 아빤 한 번도 제 선택을 옹호해준 적도, 허락해준 적도 없었거든요. 그런데 아직도 아빠에게서 어떻게 벗어나야 할지 모르겠어요…."

패티의 아버지는 그녀가 어릴 때부터 언제나 완벽해야 한다고 강조했습니다. 아버지의 지속된 강압적인 보호 아래 패티는 완벽주의 성향이 되었고 그 성향 때문에 언제나 자기 삶이 완벽해지지 않을 거란 생각으로 고통스러워하고 있었습니다. 사실 다른 사람들이 보면 패티는 명문대를 나와 좋은 직장에 다니는, 아주 똑똑하고 통찰력 있는 사람이었습니다. 그러나 정작 패티 본인은 자기 직감을 믿지 못하며 모든 순간 불안에 떨었습니다.

패티의 불안과 부족한 자존감을 살펴보며 저는 한 가지 분명한 사실을 깨달았습니다. 패티의 아버지가 패티에게 한 정서적 학대, 그것은 가스라이팅gaslighting이었단 사실입니다. 가스라이팅은 피해자가 자신의 현실 인식을 스스로 의심하게 만드는 정서적 학대입니다. 패티의 아버지는 패티가 내린 판단에 계속 의문을 제기하고 그녀가 이뤄낸 성취를 깎아내렸습니다. 또 패티가 자신의 감정을 드러내면 그걸 비판하는 수법으로 패티의 자존감을 수없이 무너뜨렸죠. 그러면서 항상 했던 말이 있습니다.

"다 너 잘되라고 하는 말이야."

저를 찾아오는 내담자분들은 대부분 패티처럼, 타인에 의해 장기간에 걸쳐 교묘한 심리 조종을 당해온 가스라이팅 피해자들입니다. 자신을 믿지 못하고 남 눈치를 보며 사는 동안 마음에 많은 상처를 입어왔죠.

우리는 살면서 가스라이팅을 하는 가해자, 즉 가스라이터들을 만나게 됩니다. 가족, 연인, 친구와 같은 개인 대 개인이 아니라도 정치인과 지도자들, 유명인들 역시 특정 집단을 희생양으로 삼아 진실을 왜곡하여 추종자들을 선동하고 대중을 가스라이팅합니다. 사실 가스라이터들은 얼핏 보면 카리스마가 있고 똑똑해 보이며 매력적이기까지 합니다. 그래서 강력한 추종자들과 광신도를 만들고 그들에게 힘입어 더욱 많은 사람들을 효과적으로 침묵시키고 통제합니다.

그렇다면 과연 어떤 사람이 가스라이터가 될까요? 대개 자기애성 성격 장애narcissistic personality disorder, 경계선 성격 장애borderline personality disorder, 반사회적 성격 장애antisocial personality disorder와 같은 특정 성격 장애를 지닌 사람들입니다. 물론 그렇다고 가스라이터가 꼭 나르시시스트나 소시오패스인 건 아닙니다. 특정 성격 장애가 없어도 다른 사람을 조종하기 위해 가스라이터가 될 수 있어요.

가스라이팅은 분명한 정서적 학대이지만, 피해자들은 이를 인지하기가 매우 어렵습니다. 주로 친밀한 관계를 맺은 상태에서 가스라이팅이 시작되기 때문에, 피해자 입장에서 기분 나쁜 지점을 말로 표현한다는 것은 마치 '우리의 좋은 사이를 깨는' 행동처럼 느껴지거든요. 게다가 가스라이터가 입버릇처럼 하는 말이 '다 널 위해서야'입니다. 날 위해 하는 말과 행동이라는데 쉽게 거절할 수가 없죠.

뿐만 아니라 가스라이팅을 인지하는 순간 피해자들은 내가 왜 가스라이팅을 당했는지 의아해하며 오히려 더 깊은 절망에 빠질 수도 있습니다. 그래서 가스라이팅에서 살아남았어도 자책하고 스스로를 불신하며 우울에 빠지는 경우가 부지기수입니다.

다행히 희망은 있습니다. 가스라이팅의 시그널을 알아차리는 법을 배우고 다친 마음과 무너진 자존감을 천천히 회복하면 언제든 삶의 확신을 되찾을 수 있으니까요. 앞으로 이 책에서 함께 읽고 연습할 내용들은 교활한 가스라이팅을 깨닫고 두 번 다시 가스라이터의 희생양이 되지 않도록 스스로를 보호하는 실질적인 방법들입니다. 또한 과거의 상처를 자기 힘으로 치유해나가는 과정이기도 하죠. 이미 저를 찾았던 가스라이팅 피해자들이 함께 실천해보며 상처를 극복했습니다.

이 책의 기반이 되어준, 그 용감한 내담자들에게 감사를 보냅니다. 그들의 용기와 열정이 여러분에게도 닿길 기원합니다.

전문 상담사
에이미 말로 맥코이

이 책의 활용법

이 책은 가스라이팅을 제대로 알려드리기 위해 쓰였으며, 총 세 부분으로 구성되었습니다.

1부에서는 가스라이팅 시그널을 알아채는 법과 가스라이터의 생각을 읽는 법, 여러 관계와 환경에서 가스라이팅이 어떻게 발생하는지 알아보는 법을 살펴봅니다. 이와 관련해 몇 가지 연습 문제를 풀어보며 가스라이팅을 인지하고 인정하며 치유하기 위한 준비를 합니다.

2부에서는 본격적인 가스라이팅 치료를 시작합니다. 총 3단계로 이루어진 치료에서는 자기 연민의 감정으로 가스라이팅 피해를 인정하는 법, 자신을 긍정하며 자존감을 회복하는 법, 죄책감 없이 나만의 경계를 설정하는 법과 관련된 다양한 연습과 퀴즈들을 제공합니다.

3부에서는 오래된 가스라이팅이 마음 깊은 곳에 남긴 상처를 치유합니다. 가스라이터와의 관계를 끊어내는 데부터 온전히 나로 살아가는 전반적인 치유의 과정을 거쳐봅니다.

제가 드리는 연습들은 다시 풀어보고 싶은 문제들이 있는가 하면 풀면서 화가 나는 문제들도 있습니다. 하지만 부디 포기하지 마세요. 가끔은 힘들어도 그저 겪어내야만 암흑 같은 터널에서 빠져나올 수 있는 일들도 있으니까요. 치유 과정은 '이겨내려는 노력'입니다. 인내심을 가지고 자기 자신을 다정히 대해보세요.

만약 이 책과 함께 노력해보아도 가스라이팅 피해를 헤쳐나가기 힘들거나 막막한 기분이 든다면 전문적 도움을 받아보기 바랍니다.

제대로 된 상담심리사 선택하는 법

상처를 함께 치유해나갈 상담심리사를 찾나요? 용기 있고 현명한 선택입니다. 하지만 누구를 찾아가야 할지 막막하시죠. 제대로 된 상담심리사를 찾고 싶다면 상담심리사 자격증을 확인하고 수료 교육 내용, 주로 쓰는 치료법, 전문성 및 비용 등의 변수들을 고려해야 합니다. 정서적 학대에서 받은 상처를 치료하고자 한다면 이를 전문적으로 다루는 상담심리사를 만나는 것이 좋아요. 온라인상에서 '가스라이팅 치료', '정서 학대' 등을 키워드로 전문가를 찾아보세요. 혹은 친구, 가족, 1차 진료 기관에 문의하는 것도 방법입니다.

무엇보다 내가 잘 맞는다고 느끼는 게 중요합니다. 첫 상담을 예약하기 전 전화로 간단히 무료 상담을 할 수 있는 곳이 있다면 먼저 해보는 것도 좋습니다. 아마 가스라이팅 피해를 당한 분이라면 상담심리사를 만날 때에도 내가 괜히 까다롭게 구는 걸까 봐, 나만 이상한 사람일까 봐 두려워하실 것입니다. 까다로워도 괜찮습니다. 상담심리사는 당신의 치유 여정을 함께할 신실한 조력자임을 기억하세요.

1부

삶을
뒤흔드는
가스라이팅

가스라이팅은 생각보다 많은 곳에서 수없이 나타납니다. 그리고 우리 삶을 혼란에 빠뜨리며 가스라이터뿐 아니라 가족, 친구, 연인, 동료 그리고 나 자신과의 관계까지 망가뜨리죠. 또한 내면의 자존감과 스스로를 신뢰하는 힘을 꺾어버립니다. 그러면 현실에 대한 인식도 흔들리죠. 이렇게 현실에 대한 자아 감각을 잃어버리면, 학대 행위로부터 취약해지고 가스라이터가 제시하는 왜곡된 현실에 의존하게 됩니다. 그러므로 가스라이팅이란 무엇인지 정확히 알고 이를 견제할 수 있는 지식이 필요합니다. 그 첫걸음을 내디뎌봅시다.

1장
"내가 틀린 걸까?"
자기 불신을 만드는 가스라이팅

가스라이팅이란 피해자들의 현실 인식 능력과 판단 능력을 흐리고, 자기 인식self-perception과 상황 분별력을 의심하게 만드는 심리저·정서적 학대입니다.

이 용어는 1938년, 영국의 극작가 패트릭 해밀턴Patrick Hamilton이 쓴 연극 〈가스등Gaslight〉에서 유래되었습니다. 이 연극은 1940년, 1944년에 각각 영화로 각색되어 상영되기도 했죠. 〈가스등〉은 비밀이 많은 한 매력적인 남자가 자신의 아내를 조종하여 아내가 스스로 미쳐가고 있다고 믿게 만든다는 내용입니다. 극 중 집 안의 가스등 불빛이 모종의 이유로 흐려지지만, 남자는 그저 모든 일이 아내가 미쳐서 정신 나간 상상을 하는 것이라다그칠 뿐입니다.

2001년 개봉한 프랑스 영화 〈아멜리에Amélie〉에도 가스라이팅 형태가 등장합니다. 주인공 아멜리에는 직원을 구박하는 채소가게 주인 콜리뇽의 집에 몰래 들어가 물건들의 위치를 바꿉니다. 그러고는 콜리뇽의 휴대폰을 조작해 그가 어머니에게 전화를 걸면 정신병원이 전화를 받도록 해두죠. 이에 콜리뇽은 겁에 질리고 혼란스러워하다 결국 자신이 미쳤다고 믿게 됩니다.

가스라이팅에 반드시 물리적인 환경 변화가 필요한 건 아닙니다. 그저 피해자가 자기 감각에 대해 자신감을 잃을 때까지, 피해자가 어떤 경험을 털어놓더라도 의문을 제기하거나 조롱하고 부인하기만 해도 가능하기 때문입니다.

가스라이팅된
사회

여러분도 매일같이 가스라이팅을 당하고 있다면, 믿을 수 있겠나요? 사실 우리는 매일매일 가짜 뉴스, 현실과 다른 진실 속에서 가스라이팅을 당하고 있습니다. 정치인들이나 유명인들이 쉽게 밝혀질 사실에도 거짓 주장을 펼치는 것 역시 가스라이팅입니다. 사진과 오디오, 영상처럼 변치 않을 진실을 담은 '증거'를 내세워도 어떤 단어를 오해한 것이라거나 누군가 나쁜 의도로 잘못 해석한 거라고 핏대를 세우는 모습을 여러분도 봤을 거예요.

  사회적 영향력이 큰 사람들이 벌이는 가스라이팅은 여러 면에서 위험성이 짙습니다. 무엇이 옳고 그른지, 무엇이 도덕적이고 비도덕적인지에 관한 규칙을 바꿔버리기 때문입니다. 게다가 대중의 인기까지 얻고 있는 인물이 진실을 조작했을 때, 그에 대항하는 사람은 아주 쉽게 신뢰가 떨어지고 심지어 지적 능력까지 의심받게 됩니다. 결국 아무도 그에게 대항할 수 없게 되지요.

각종 집단 안에서도 가스라이팅은 빈번합니다. 특히 리더들은 개성과 개인적 책임을 없애는 일종의 집단사고groupthink를 유도하여 가스라이팅하기도 합니다. 단결, 애국심, 리더를 향한 충성심이란 단어를 자꾸 쓴다면, 가스라이팅을 의심해봐야 하는 이유죠. 지난 역사를 보아도 집단사고가 한 나라를 증오와 편견, 다중 살인으로 몰아갔던 사건을 찾아볼 수 있습니다.

가스라이팅은 새롭게 생겨난 용어가 아니지만, 지난 몇 년간 새 생명을 얻었습니다. 단순히 개인적 관계에서만 이루어지는 것이 아니라 정치적 영역, 매체 영역 등 점점 더 그 인식의 범위가 넓어지고 있죠. 다행히 우리가 가스라이팅 시그널과 부작용을 더 잘 알아챌수록 가스라이팅이 미치는 해로움을 능숙하게 제한할 수 있습니다.

SNS와 광고 속 가스라이팅

SNS에서는 예전과는 다른 방식의 가스라이팅이 이뤄지고 있습니다. 개인의 소셜 공간을 넘어서 타인에게 어떤 것이 '옳은' 외모인지, 어떤 삶이 '맞는' 삶인지를 강화하고 주입하는 것입니다. 여러분도 SNS에서 본 유명 일반인들의 게시물을 보고 그와 같지 않은 내 모습에 자신감을 잃었던 적이 있을 거예요. 그렇게 되지 않으면 안 된다는 생각까지 하면서요.

광고에는 가스라이팅이 더 은밀하게 숨겨져 있죠. 특히 그전까지 단점이라 생각지도 않았던 부분을 '고쳐야 할 단점'으로 설득하는 광고는 매우 위험합니다. 광고가 단점이라 지적한 외모, 행동들도 사실 프로그램으로 보정되고 조작된 이미지인 경우도 많습니다.

SNS와 광고를 볼 때, 눈만 믿지 않는 것이 중요합니다. 보이는 것 너머의 것을 분별력으로 판단해 왜곡을 없애는 과정이 반드시 필요하죠.

가스라이팅
시그널

가스라이팅이 나타나는 관계는 그 종류가 매우 다양합니다. 조작과 통제는 일정하게 유지되더라도 구체적인 시그널과 부작용은 어떤 관계냐에 따라 다르게 나타나기도 하죠. 지금부터 3가지 관계에서 가스라이팅 시그널이 어떻게 나타나는지 살펴봅시다.

직장에서의 가스라이팅 시그널

직장 내 가스라이팅은 상사와 부하, 고객과 직원의 관계뿐만 아니라 동료들 사이에서도 나타납니다. 물론 상하 관계인 상사와 부하 직원 간에 더 자주 나타나겠지만, 가스라이팅은 업무 중 누구에게나 일어날 수 있음을 반드시 인지하고 있어야 합니다. 다음은 직장에서 나타나는 5가지 일반적인 가스라이팅 시그널입니다.

1. "저 사람, 그랬었다며?" 근거 없는 소문

직장에서 가스라이터들은 피해자의 평판을 더럽히고 피해자가 더 실수하도록 함정을 파고자 근거 없는 소문을 퍼뜨립니다. 업무 성과와 무관하고 타당하지도 않은 소문이지만, 가스라이터의 나쁜 의도로 인해 결국 피해자가 믿을 수 없는 사람이라는 증거가 되죠. 이런 소문은 피해자의 귀에 들어가는 일도 드물어서 맞서 싸울 기회도 적습니다.

2. "할 수 있겠어요?" 무능한 사람 취급

가스라이터의 궁극적인 목표는 다른 사람에게서뿐만 아니라 피해자 스스로도 자기에 대한 신뢰를 잃게 만드는 것입니다. 그래서 부하 직원 가스라이터는 상사의 능력을 무시함으로써 신뢰를 떨어뜨립니다. 그리고 지속적으로 의문을 제기하죠. 가끔은 굳이 입을 열지 않고도 피해자의 가치를 깎아내릴 수 있습니다. 지루하다는 듯 눈알을 굴리거나 불쾌함을 애써 참고 있다는 시선을 보내기만 해도 되거든요.

3. "꼭 말로 해야 알아요?" 말이 안 통한다는 평가

상사의 지시대로 프로젝트를 완성해 보고했다고 해봅시다. 이럴 때 가스라이터는 자신이 원하는 세부 사항을 반영해주지 않았다고 불평합니다. 물론 그 세부 사항에 관해 한 번도 말한 적이 없었지만 말이죠. 즉, 가스라이터는 자기 마음을 읽어내지 못했다고 피해자를 비난하는 것입니다. 당연히 말이 안 되는 상황이지만, 이 때문에 문제가 생겼거나 일이 어그러졌다면 피해자는 저도 모르게 스스로를 말이 안 통하는 사람이라고 여기게 됩니다.

4. "지금 그런 말을 할 때입니까?" 위선자의 엄격한 기대

가스라이터는 자신에게는 적용하지 않는 엄격한 기대나 규칙을 피해자에게만 요구하는 위선적인 시그널을 보냅니다. 회의 중에 감정적이면 안 된다고 해놓고 본인은 지금 그런 말을 할 때냐고 화를 내는 거죠. 그러면서 자기는 열정적인 사람이고 피해자는 감정적인 사람이라고 딱 잘라 말합니다.

5. "네가 내 말을 들었으면 됐을 텐데" 희생양 몰이

직장 내 갈등이 발생하면 가스라이터는 문제의 원인이 피해자에게 있다고 몰아 그를 희생양으로 삼습니다. 그 방식도 대놓고 탓하기보단 교묘히 피해자의 능력을 폄하해 자신감을 떨어뜨리고, 조직 내에 거짓말을 퍼뜨려 피해자가 인정받지 못하게 하는 식입니다. 그러나 알고 보면 문제가 일어난 원인은 가스라이터에게 있는 경우가 많죠. 그걸 인정하지 않고 피해자의 부당한 행동이 화를 불러왔다고 가스라이팅하는 것입니다.

**직장 내
가스라이팅
시그널 찾기**

Q. 5가지 가스라이팅 시그널 중 내가 감지했던 것이 있나요? 그건 어떤 것이었고, 나에게 어떤 영향을 미쳤나요?

연인 관계에서의 가스라이팅 시그널

어떤 관계가 득인지 아니면 독인지를 결정하는 중요한 요소가 바로 정서적 학대가 있는지의 여부입니다. 연인 관계에서 독이 되는 관계란, 가스라이터가 연인을 맘대로 조종하기 위해 지속적으로 자존감을 갉아먹고 통제하는 모습으로 나타납니다. 지금까지 만났던 연인 중 가스라이터가 있었나요? 혹은 지금 곁에 있는 연인이 가스라이터는 아닌가요? 연인 관계에서의 대표적인 가스라이팅 시그널 5가지를 보며 확인해보세요.

1. "거짓말 아니야" 뻔뻔한 거짓말

뻔뻔하게 거짓말을 하고 상대의 경험을 무시하는 것도 가스라이팅입니다. 명백한 증거가 있는데도 자기 잘못을 부인하거나 피해자를 외부에 '이상한 사람'으로 비치도록 진실을 왜곡하는 것도 마찬가지죠. 뿐만 아니라 가스라이터는 동정심을 자아내고, 피해자의 분노를 다른 데로 돌리기 위해 슬픈 이야기를 지어내기도 합니다. 얼굴색 하나 안 변하고 말이죠.

2. "나 좀 혼자 둘래?" 불성실한 태도

연인 관계에서는 서로에 대한 관심과 애정이 중요합니다. 그러나 가스라이터는 피해자에게 불성실한 태도를 보이면서 정작 피해자는 자신에게 헌신하길 바랍니다. 그러면서 불성실한 태도를 정당화하기 위해 피해자가 비이성적 질투를 한다고 몰아가죠.

3. "너에겐 나뿐이어야 해" 고립시키는 말

고립은 정서적 학대를 가하는 이들이 아주 많이 사용하는 강력하고 위험한 무기입니다. 피해자를 고립시키면 통제가 더욱 쉬워지기 때문입니다. 가스라이터는 오직 자신만이 피해자의 결점을 눈감아줄 수 있고, 그동안 피해자가 가족과 친구들에게 휘둘려왔다며 관계를 끊으라고 부추깁니다. 서로에겐 서로뿐이라는 사탕발림을 하면서요. 그 주장을 뒷받침할 증거를 거짓으로 만들기도 하기에 알아차리기가 쉽지 않습니다.

4. "네 본모습을 회사에 알리겠어" 지저분한 괴롭힘

가스라이터는 통제 권력을 유지하기 위해 때론 연인의 사생활을 파고듭니다. 자기가 원하는 대로 하지 않으면 피해자에 대한 지저분한 소문을 만들어 직장에 뿌리거나 가족에게 거짓을 고하죠. 심한 경우, 스토킹의 형태로 변질되기도 합니다.

5. "장난이었어, 장난" 악의적인 비난

가스라이터들은 악의적으로 비난을 하면서도 실은 나쁜 뜻이 없었다고 변명하여 연인 관계의 균형을 파괴합니다. 카운터펀치처럼 큰 공격보단 잽처럼 비열한 공격을 지속하는 것이죠. 피해자가 그러지 말라고 하면 장난이었는데 예민하게 반응하지 말라며 적반하장으로 나오기도 합니다.

**연인 관계 속
가스라이팅
시그널 찾기**

Q. 5가지 가스라이팅 시그널 중 내가 감지했던 것이 있나요? 그건 어떤 것이었고, 나에게 어떤 영향을 미쳤나요?

친구 및 가족 관계에서의 가스라이팅 시그널

친구와 가족은 우리 삶을 지탱하는 근본이지만, 동시에 뿌리부터 뒤흔들 수 있는 존재입니다. 친구와 가족은 친밀한 관계이기 때문에 피해자 역시 가스라이터에게 확실한 기대와 신뢰를 품습니다. 또한 본능적으로 진심을 다하고 싶어 하고, 상대를 중요한 존재로 인식하죠. 그렇게 가까운 사람들인 만큼 가스라이팅 시그널이 더욱 교묘합니다. 게다가 아예 판단력부터 흔들기 때문에 피해자들은 과한 충성과 희생을 강요받아도 사랑과 존중의 마음으로 따르게 됩니다. 가스라이터는 사랑과 존중을 되돌려줄 생각이 전혀 없는데도 말이죠.

친구와 가족들에게 받는 대표적인 가스라이팅 시그널 5가지를 알려드립니다.

1. "실망이야" 헛된 죄책감

친구와 가족에게서 기대에 부응하지 못했다는 평가를 받으면 굉장히 미안함을 느끼게 됩니다. 그건 당연한 감정이지만, 가스라이팅에서는 이것이 허상이라는 점이 문제입니다. 피해자는 아무 잘못을 하지 않아도, 또 가스라이터가 바라는 바에 꼭 부응해야 할 의무가 없는데도 무슨 큰 잘못이라도 저지른 듯한 감정에 빠집니다. 그 헛된 죄책감에 한 번 빠지면 가스라이터는 기회를 놓치지 않고 피해자가 아예 납작 엎드릴 때까지 지속해서 죄책감을 심어줍니다.

2. "오늘따라 왜 이렇게 과민 반응이야?" 과민 반응 취급

문제 행동에 관해 피해자가 가스라이터와 정면으로 부딪치면, 가스라이터는 바로 방어기제를 촉발합니다. 과민 반응이라며 오히려 피해자를 공격자로 모는 것이죠. 가스라이터는 자기 합리화에 능합니다. 그래서 피해자의 정당한 반박도 과민 반응으로 치부하며 자신을 옹호합니다. 특히 친구나 가족 관계에서는 자주 만나는 만큼 피해자가 반박하는 행동을 '일상적이지 않은 것'으로 몰아가기가 쉽습니다.

3. "내가 그런 것까지 해줘야 해?" 합리적인 부탁 거절

가스라이터는 무엇이든 피해자가 책임지게 하려고 합니다. 그래서 피해자가 누구나 할 수 있는 합리적인 부탁을 해도 그게 마치 까다로운 일인 것처럼 몰아갑니다. 때론 피해자의 부탁을 들어주면 자신이 피해를 볼 것처럼 굴고, 피해자가 감사 따윈 모르는 파렴치인 양 대하기도 합니다. 그렇게 피해자가 미안하고 부끄러운 마음에 더는 뭔가를 부탁하지 않게 하려는 것이죠. 가족 중 부모가 자녀에게 이런 반응을 보일 때가 많습니다. 낳아주기까지 했는데 뭘 더 해줘야 하냐는 태도로 자녀를 가스라이팅하는 것입니다.

4. "네가 그러니까 문제지" 수치심 주기

비난과 수치는 가스라이터가 자신이 저지른 잘못을 피해자 탓으로 돌리는 수법입니다. 가정폭력의 상황에서 이 시그널이 가장 많이 나타납니다. 폭력을 일삼는 가해자가 폭력의 원인은 피해자에게 있다고 비난하는 것이죠. 폭력이 마치 피해자의 잘못을 교정하는 장치인 양 가스라이팅하는 것입니다. 그래서 폭력을 당한 피해자도 나중엔 자기가 정말 맞을 짓을 했다고 믿게 됩니다.

5. "앞으로 크리스마스 같이 보낼 생각 마" 과한 보복

가스라이팅은 독립성과 자율성에 기반한 정상적인 행동에도 보복을 가합니다. 예를 들어, 매년 크리스마스를 같이 보냈던 가족 중 한 사람이 올해는 친구와 보내겠다고 했을 때 나머지 가족들이 그러면 앞으로는 크리스마스 파티에 항상 빠지라고 하는 것입니다. 필요 이상으로 과격하게 가족에서 배제하거나 친구 관계를 끊어내는 보복은 피해자에게 심각한 상처와 죄책감을 안겨줍니다.

**친구 및
가족 관계 속
가스라이팅
시그널 찾기**

Q. 5가지 가스라이팅 시그널 중 내가 감지했던 것이 있나요? 그건 어떤 것이었고, 나에게 어떤 영향을 미쳤나요?

체크리스트

나의 가스라이팅 부작용 정도 파악하기

가스라이팅은 피해자의 삶에 지속적으로 악영향을 끼칩니다. 혹시 여러분도 가스라이팅 부작용을 겪고 있지는 않은지 다음 체크리스트를 통해 확인해보세요.

- ☐ 어떤 일이 맞는지 틀린지 자주 혼란스러워한다.
- ☐ 살면서 겪는 모든 일들에 극심한 스트레스를 받는다.
- ☐ 남에게 '싫다'고 말하기가 힘들고, 말하더라도 불안해진다.
- ☐ 별다른 사건이 없어도 늘 우울하며 삶에 행복과 즐거움이 없다.
- ☐ 내 결정에 누군가 화를 낼까 봐 결단을 못 내리고 우유부단하다.
- ☐ 내 생각이나 결정에 항상 자신감이 없고 스스로가 늘 부족하다 느껴진다.
- ☐ 잘못한 게 없는데도 미안해하고 아주 사소한 실수에도 과하게 사과한다.
- ☐ 제3자가 가스라이터의 존재를 알려줘도 그가 가스라이팅을 한 건 아니라고 부인한다.
- ☐ 이유 없는 불안에 시달리고, 미래에 일어날 사건을 과하게 걱정하는 예기 불안 anticipatory anxiety을 겪는다.

결과

3개 이상 체크했다면, 현재 가스라이팅 부작용에 시달리고 있을 가능성이 있습니다.

1장을 마무리하며

Q1. 어떤 문제가 가장 마음에 와닿았나요?
Q2. 어떤 문제가 가장 마음에 와닿지 않았나요?
Q3. 1장을 끝낸 지금, 기분이 어떤가요? 1장을 읽기 전과 후의 기분 변화를 써보세요.
Q4. 1장의 연습 문제들을 통해 무엇을 얻었나요?

2장
"네가 틀렸어"

가해자의 또 다른 이름, 가스라이터

가스라이터는 보통 자기애성 성격 장애와 경계선 성격 장애, 반사회적 성격 장애와 같은 정신 질환을 겪고 있습니다. 미국 정신의학협회가 출간하여 2013년 개정한 《정신 질환 진단 및 통계 편람 제5판(DSM-5)》에서는 성격 장애를 '개인이 속한 문화의 기준에서 현저하게 벗어난 지속적인 내적 경험과 행동 패턴'이라고 정의합니다. 이런 문제가 되는 특성과 행동은 지속적이고 역기능적으로 나타납니다. 그 결과, 가스라이터들은 자신도 괴로워하면서 다른 사람의 삶을 어지럽히고 고통스럽게 만드는 것입니다. 몇몇의 가스라이터들은 정신 건강의 진단 기준을 충족하지 않기도 합니다. 누구나 가스라이팅을 저지를 수 있지만, 그들이 모두 성격 장애를 지닌 것은 아니기 때문입니다. 이처럼 제대로 진단을 내릴 수 없는 사람들을 '거의 사이코패스와 같다almost psychopath'고 표현하기도 합니다.

가스라이터의
성격 장애

미국 국립정신건강연구소 National Institute of Mental Health에 따르면, 성인의 약 9%가 성격 장애의 진단 기준을 충족합니다. 물론 가스라이팅이 성격 장애를 나타내는 명확한 지표도 아니고 정신 건강에 문제가 있다는 진단을 받지 않은 가스라이터들도 많지만, 성격 장애를 지닌(아니면 성격 장애로 진단받은) 사람은 많은 관계에서 가스라이팅을 할 가능성이 매우 높은 게 사실입니다. 여기서는 흔히 진단되는 성격 장애의 연장선에서 본 가스라이팅에 초점을 맞춰 가스라이터를 살펴보겠습니다.

자기애성 성격 장애

성격 장애는 어떤 관계나 환경 속에서 지속적으로 나타나는 성격적 특성의 집합으로, 인간관계에서 정신적 고통과 괴로움을 불러일으킵니다. 그중 자기애성 성격 장애를 지닌 사람들은 이목을 끌기 위한 과장된 태도나 주변으로부터 인정받고 싶은 과한 욕구, 공감 능력과 통찰력의 결여, 끊임없는 칭찬 욕구, 특별한 대우를 받을 자격이 있다는 믿음, 강압적이고 교활한 행동, 제멋대로 하려고 다른 사람을 괴롭히는 성향 등과 같은 특징을 보입니다.

그렇기 때문에 이들이 가스라이팅을 하는 목적은 자기 이익을 위해 주변 사람을 조종하고 부려먹는 데 있습니다. 또는 피해자를 무력하게 만들어 자신의 우월함을 유지하고자 가스라이팅을 합니다. 정치인과 CEO에게 있는 강한 자아도취적 성향이 심해지면 자기애성 성격 장애로 발전합니다. 이런 권력자들은 추종자들을 선동하거나 억눌러 타인의 행복을 희생하면서 자기 목표를 추구합니다.

경계선 성격 장애

경계선 성격 장애는 고조된 정서적 반응과 강한 거부감, 대인 관계에서의 불안정성, 심한 공허함이 특징입니다. 사랑하는 사람을 신격화하다가도 갑자기 평가절하하고, 또 가까이 두려고 하다가도 멀리하려는 등 왔다 갔다 하는 경향을 보입니다. 경계선 성격 장애를 지닌 사람들은 연인이 떠나려고 하면 자해 위협을 하는 등 실제적이고 인지적으로 버림받는 상황을 피하기 위해 많은 노력을 하죠. 경계선 성격 장애를 겪는 가스라이터는 피해자가 책임감을 느끼게 하는 방식으로 가스라이팅을 합니다. 가스라이팅의 이유도 타인을 통제하려는 의도보단 자신의 안정을 위해 타인을 이용하는 것에 가깝습니다.

기타 반사회적 성격 장애 등

반사회적 성격 장애와 기타 정신 질환을 앓고 있는 사람도 가스라이팅을 일으키는 당사자일 가능성이 높습니다. 반사회적 성격 장애는 다른 사람의 권리를 무시하거나 침해하는 것이 특징입니다. 이 성격 장애를 겪는 이들은 사회적 규범을 따르지 않으므로, 속임수를 써서 가스라이팅할 가능성이 높으며 자신이 사랑하는 사람보다는 처음 보는 낯선 사람에게 가스라이팅을 저지릅니다.

공식 진단명은 아니지만 흔히 알고 있는 소시오패스와 사이코패스는 가스라이팅 행위의 강도와 목표에서 다른 양상을 보입니다. 소시오패스 가스라이터는 의도적으로 가장 가까운 사람을 겨냥해 자신의 이득을 위해 통제합니다. 반면 사이코패스 가스라이터는 자신과의 거리를 신경 쓰지 않고 아무에게나 가스라이팅을 하며, 자신의 행동이 낳은 결과에 무관심하고 심지어는 다른 사람을 해치는 행위를 즐깁니다.

가스라이터의 목표

가스라이터들은 자신이 맺은 관계 속 모든 유형과 상황에서 피해자를 조종하려고 합니다. 그들의 병적인 5가지 목표는 다음과 같습니다.

목표1 분별력 흐트러뜨리기

가스라이팅은 의심과 혼란을 불러일으킵니다. 피해자들은 내가 맞게 판단한 건지 스스로 의문을 제기하게 되면서 결국엔 옳고 그름, 건전함과 불건전함, 가스라이터의 시각과 자신의 시각을 구별해내기 어려워지죠. 이 때문에 점점 더 현실 점검을 위해 가스라이터에게 의존하게 되지만, 이는 자신의 혼란만 지속시킬 뿐입니다.

목표2 침묵시키기

가스라이팅은 침묵과 비밀 속에서 만연해집니다. 가스라이터들은 거짓말로 피해자의 자존감을 무너뜨려 피해자가 그 어떤 반항의 목소리도 내지 못하게 만들죠. 또한 피해자가 뭐라 말을 해도 다른 사람들이 믿어주지 않을 거라고 세뇌하기도 합니다.

목표3 간섭할 자격 획득하기

대안적 사실alternative facts은 '거짓말'을 의미하는 미국의 신조어로, 어떤 주장에 대한 근거로 가상의 데이터를 제시하는 것입니다. 가스라이터들은 이 대안적 사실을 이용해 피해자의 생각을 자기 것으로 대체합니다. 가스라이터들에게 피해자의 관점은 중요하지 않으니까요. 그리고 가스라이터들은 피해자를 통제하고 피해자로부터 존경받고자 합니다. 즉, 피해자의 삶 전반에 간섭할 자격을 피해자에게서 얻고자 하는 것입니다.

목표4 부채감 심어주기

가스라이터는 가스라이팅에 대한 피해자의 감정적 대응을 유치하거나 미성숙하다고 묘사하여 피해자를 비하하고 깎아내립니다. 또한 피해자가 이룬 성공과 업적을 무시하고, 피해자가 건방지다며 이유도 없이 질책합니다. 피해자는 열심히 노력해 스스로 성취한 것들마저 가스라이터 덕분인 듯한 착각에 빠지고 결국 자신이 얻은 성취를 나누지 않으면 안 된다고 생각하게 됩니다.

목표5 정당화하기

가스라이터는 쉬지 않고 피해자가 스스로를 못 믿게 하는데, 이렇게 피해자가 자기 능력에 대한 신뢰를 잃으면 결국 가스라이터에게 의존하게 됩니다. 그리고 가스라이터가 하는 말대로 행동하는 게 당연한 거라고 생각하게 되죠. 자연스레 가스라이팅을 인식하고 저항할 가능성은 계속 줄어듭니다. 그러는 동안 가스라이터는 의심의 여지도 없이, 자신의 행동이 정당하다고 확신합니다.

가스라이팅에 관한 경험 써보기

Q. 가스라이터의 5가지 목표를 보고, 내 주변에는 이와 같은 목표를 가지고 접근하는 사람이 없는지 생각해보세요. 만일 있었다면 그 경험도 반추하고 써보세요.

―――――― 체크리스트 ――――――

내가 들었던 가스라이팅 문장 찾기

다음 가스라이팅에 쓰이는 일반적인 문장들을 읽고, 익숙하게 느껴지는 문항에 체크해보세요. 익숙한 문장이 많을수록 가스라이팅을 당했을 가능성이 높습니다.

- ☐ "그런 적 없어."
- ☐ "네가 잘못 알고 있어."
- ☐ "말도 안 되는 소리야."
- ☐ "무슨 소린지 모르겠어."
- ☐ "다 널 사랑해서 이러는 거야."
- ☐ "너 때문에 나까지 혼란스러워."
- ☐ "넌 너무 예민해. 좀 둔해질 필요가 있어."
- ☐ "넌 내 맘을 알고도 그래? 내가 화난 건 다 네 탓이야."
- ☐ "네가 지금 꼬여 있어서 일부러 내 말을 잘못 이해했나 본데, 내 말은 그 뜻이 아니야."
- ☐ "네가 먼저 날 자극했으니까 내가 그렇게 말한 거야. 네가 날 자극하지 않았으면 나도 그렇게 말하지 않았어."

가스라이터의
표적

가스라이터들이 피해자로 고르는 대상은 주로 상처받기 쉬운 연약함을 지녔거나 호감이 가는 사람입니다. 전자는 타인의 형편없는 태도도 눈 감아주며 함께 있으면 편하고 어떤 제안이든 선뜻 동의해주는 사람입니다. 혹은 문제를 해결하려는 책임감이 강한 사람이기도 하죠. 공통적으로 '가스라이터에게 소리 내어 지적할 가능성이 적은' 사람들입니다. 후자는 자신감 넘치며 사회적 성공을 거둔, 매력적인 사람들입니다. 가스라이팅을 절대 안 당할 것 같아서 가스라이터의 표적이 될 리 없을 것 같지만, 가스라이터는 이들에게 애정 공세를 퍼부으며 신뢰를 쌓고 어느 정도 친밀감이 쌓이면 바로 가스라이팅을 시작합니다. 그러곤 아주 쉽게 그들의 자존감을 무너뜨리죠.

그렇다면 어떤 성격 유형이 다른 성격 유형보다 더 가스라이팅에 취약할까요? 가스라이터들은 제각기 다른 이유로 피해자를 고르지만, 많은 피해자는 공통점을 지닙니다. '싫다'라는 말을 할 때 죄책감을 느끼는 것입니다. 대다수의 가스라이팅 피해자들은 다른 이를 즐겁게 하는 데 관심이 있습니다. 그래서 분위기가 경직되길 원치 않아 거절을 꺼리죠. 같은 이유로 누군가 예의 없게 굴어도 눈감아주는 편입니다.

다음 자가 테스트를 통해 내가 가스라이팅 피해자가 되기 쉬운 성격 유형에 해당하는지 알아보세요.

―――― 체크리스트 ――――

나의 가스라이팅 위험 지수

다음 문항에 자신이 얼마나 해당하는지 살펴보고 '자주 그렇다', '가끔 그렇다', 또는 '거의 그렇지 않다' 중 해당하는 것에 체크해보세요.

1. 대화 중 상대와 의견이 맞지 않으면, 예측 불허의 상황에 빠졌다는 불안을 느껴 최대한 빨리 피하고 싶다.

   ☐ 자주 그렇다   ☐ 가끔 그렇다   ☐ 거의 그렇지 않다

2. 누구에게든 '싫다'라고 하면 상대의 감정을 상하게 할까 걱정된다.

   ☐ 자주 그렇다   ☐ 가끔 그렇다   ☐ 거의 그렇지 않다

3. 나는 내 의견보다 다른 사람의 의견을 존중하는 편이다.

   ☐ 자주 그렇다   ☐ 가끔 그렇다   ☐ 거의 그렇지 않다

4. 나는 승승장구하는데 친구는 그렇지 않을 경우, 나의 성공이 친구에게 상처가 될까 두렵다.

   ☐ 자주 그렇다   ☐ 가끔 그렇다   ☐ 거의 그렇지 않다

5. 나는 좀 더 감정을 잘 다스려야 할 것 같다고 생각한 적이 있다.

   ☐ 자주 그렇다   ☐ 가끔 그렇다   ☐ 거의 그렇지 않다

결과

셋 이상의 항목에서 '자주 그렇다'라고 체크한 경우, 가스라이팅을 당할 위험이 높습니다. 이런 분들은 자신의 의견과 목소리가 무엇보다 중요함을 기억해야 합니다. 또 싫다고 말해도 괜찮다는 걸 마음에 새겨야 합니다.

**2장을
마무리하며**

Q1. 어떤 문제가 가장 마음에 와닿았나요?

Q2. 어떤 문제가 가장 마음에 와닿지 않았나요?

Q3. 2장을 끝낸 지금, 기분이 어떤가요? 2장을 읽기 전과 후의 기분 변화를 써보세요.

Q4. 2장의 연습 문제들을 통해 무엇을 얻었나요?

2부

가스라이팅에서 온전히 벗어나는 자아회복 3단계

가스라이팅이라는 정서적 학대로 깊은 상처를 입은 분들에겐 깊고도 명확한 치료 과정이 필요합니다. 그 첫걸음은 내가 학대를 겪었다는 고통스러운 현실을 받아들이는 것입니다. 집을 지을 때 땅을 단단히 다지는 일부터 시작하는 것처럼, 치료의 여정은 상처의 존재를 인정하면서부터 시작되기 때문입니다. 우리는 오랜 기간 무너져내린 자존감을 회복하는 과정을 통해 나의 삶 속에 존재했던 가스라이팅을 확인할 것입니다. 그 과정은 처음엔 힘겨울 수 있지만 곧 나에 대한 따스한 시선으로 바뀌어나갈 것입니다.

3장
1단계 : 자기 연민

상처의 존재를 인정하기

지금까지 가스라이팅이 무엇인지 이야기를 나누었죠? 이젠 직접 쓰고 생각하며 나에게 가스라이팅이 어떤 영향을 미쳤는지 탐구해봅시다. 건강하지 않은 관계에서 가스라이터의 속임수를 간파하는 데 도움이 되는 여러 연습 문제를 풀어보고 탈출법을 알아볼 거예요.

3장에서는 그 첫 단계로, 내가 가스라이팅의 피해자였다는 점을 인정하는 시간을 가집니다. 조금은 꺼림칙했던 기억으로 남아 있는 일들에 '가스라이팅'이라는 이름을 붙여 진실을 확인합니다. 이를 통해 '이게 가스라이팅이 맞나?' 하는 혼란이 정리될 것입니다.

물론 내가 가스라이팅을 당했다는 걸 인정하는 일은 수치심을 불러일으킬 수 있어요. 가스라이팅은 자존감을 무너뜨리고 자존심을 왜곡하기 때문입니다.

그러므로 가스라이팅 피해를 인정할 때 '자기 연민'이 아주 중요합니다. 자기 연민은 우리가 스스로를 다정하게 대하고 제대로 이해하게 하는 사고방식입니다. 여태껏 겪은 고통을 비판적인 감정 없이 인식하게 해주죠. 명심하세요. 가스라이터에게 조종당한 자신을 책망하는 건 가스라이팅 상처 치료에 아무런 도움이 되지 않습니다.

가스라이팅 시그널
찾아내기

지금부터 세 개의 짧은 이야기를 보여드릴 것입니다. 이 이야기들 안에는 '생활 속에서 당하기 쉬운 가스라이팅 요소'가 들어 있어요. 글을 잘 읽고 가스라이팅 시그널을 찾아보세요. 내가 교묘한 가스라이터의 속임수를 잘 알아채는지 확인해보는 거예요. 잘 모르겠다면 1장의 가스라이팅 시그널과 부작용을 다시 읽어봐도 좋습니다. 그리고 나도 이야기 속 주인공이 들었던 가스라이팅을 경험한 적이 있는지도 차분히 떠올려보세요.

줄리아의 무너진 소망

새내기 대학생 줄리아는 기숙사 생활을 시작할 마음에 들떠 있었습니다. 지금까지 쭉 부모님과 함께 살아서 늘 독립적인 삶을 꿈꿔왔기 때문입니다. 줄리아는 입학 후 스키동아리에 들어 활동할 계획이었습니다. 그 설레는 마음을 엄마에게 이야기했죠.

"스키동아리는 여름엔 MT를 가고 겨울에 합숙 훈련을 한대요. 진짜 재밌을 거 같아요. 엄마, 새로운 삶을 시작하는 기분이에요!"

신난 줄리아가 정신없이 말을 쏟아냈습니다. 하지만 그 말을 듣는 엄마의 얼굴은 시큰둥했습니다. 역시나, 엄마는 냉랭한 말로 줄리아의 들뜬 마음을 무너뜨렸습니다.

"네가 스키를 탄다고? 넌 스키를 탈 수 있을 만큼 운동신경이 뛰어난 애가 아니잖니. 괜히 다치기만 할 거야."

줄리아는 금세 기가 죽었습니다. 가파른 슬로프를 타고 내려오는 자신을 상상했던 줄리아였지만 엄마의 말을 듣자 눈비탈을 나뒹구는 모습만 떠올랐습니다. 분명 방금 전까지만 해도 스키동아리 활동으로 재미있는 대학 생활을 하리라 꿈꿨으나 이제 줄리아는 정말 스키동아리가 즐거울지 확신하지 못하게 되었습니다.

"그렇죠. 엄마 말이 맞아요. 전 운동신경이 없어요. 하마터면 스키 타다가 크게 다칠 뻔했네요."

가스라이팅 퀴즈 1

Q1. 엄마가 줄리아에게 가한 가스라이팅 시그널을 찾아보세요.

Q2. 줄리아가 겪은 가스라이팅 부작용을 찾아보세요.

Q3. 줄리아처럼, 친구나 가족이 나의 관심사나 취미 생활 또는 계획을 무시한 적이 있나요?

비난의 부메랑

제니는 우연히 남자 친구 안드레아가 다른 여자와 노골적으로 성적인 대화를 나눈 문자를 보게 되었습니다. 사실 둘은 전에도 몇 번이나 안드레아의 바람기 때문에 다퉜었죠. 제니는 마음에 쌓인 상처에 아파하다 결국 크게 화내고 말았습니다.

"우리 관계는 여기서 끝내자. 난 더 이상 널 참아줄 수 없어!"

그러자 돌아온 안드레아의 반응은 넌더리가 난다는 불평이었습니다. "고작 딴 여자랑 문자 좀 주고 받았다고 이렇게 돌변한 거야? 정말 이해가 안 되네. 난 바람을 피운 게 아니야. 그 문자들이 바람피운 증거면 세상 사람들 절반이 다 바람피운 거지. 넌 항상 네가 보고 싶은 것만 보더라? 그렇게 의심이 많으면 안 피곤해? 왜 자꾸 피해자가 되려고 해? 오히려 피해자는 나야. 자꾸 통제하려는 너한테 진절머리가 난다고."

안드레아의 태도에 제니는 큰 충격을 받았습니다. 그리고 자기가 안드레아에게 큰 실수를 저지른 기분이 들었죠.

"안드레아, 널 비난하려는 생각은 아니었어. 내가 문자를 보고 잠시 이성을 잃은 것 같아. 공격적으로 말한 건 사과할게. 난 우리가 서로에게 더 솔직해지길 바란 거야. 그래, 내 뜻은 그거였어."

제니가 어느새 뉘우치듯 말하자 안드레아는 표정을 풀고 그녀를 힘껏 껴안아주었습니다.

"제니, 괜찮아. 용서해줄게."

**가스라이팅
퀴즈 2**

Q1. 안드레아가 제니에게 가한 가스라이팅 시그널을 찾아보세요.

Q2. 제니가 겪은 가스라이팅 부작용을 찾아보세요.

Q3. 제니처럼, 연인에게 정당한 지적을 했는데도 예민하단 취급을 받아 본 적이 있나요?

루머의 근원지

사샤는 곧 있을 인사평가를 기대하고 있었습니다. 대리로 승진한 후 전보다 많은 일을 책임졌고 눈에 띄는 성과도 냈기 때문이죠. 또한 팀장 페리와도 좋은 관계를 유지했으며 사내 중요 임원들이 참석한 회의에서 인상에 남을 만한 발언을 했습니다. 얼마 전엔 페리가 사샤에게 연봉 인상도 기대해봄직하다는 이야기를 슬쩍 해주었죠.

드디어 모든 인사평가가 끝나고, 사샤는 회사 인트라넷에 접속해 자신에 대한 평가를 확인했습니다. 그러나 부푼 마음으로 확인한 팀장 페리의 코멘트는 사샤의 기대와는 정반대였습니다.

'전반적 업무 실적이 실망스러움. 노력은 기울이지 않으면서 막연히 연봉 인상을 기대함. 사내에서 커리어를 발전시키길 원한다면 자신에 대한 기대치를 재조정하고 직업윤리를 향상하는 과정이 필요함.'

페리의 코멘트를 읽으면서 사샤는 혼란스러웠고 굴욕감마저 느끼게 되었습니다. 일전에 페리가 먼저 연봉 인상과 관련해 긍정적인 뉘앙스를 풍겼기 때문에 더욱더 믿을 수가 없었죠. 사샤는 자신이 잘못 기억하는 건지 의심에 빠졌습니다.

얼마 후, 사샤는 자신에 대한 루머가 퍼진 것을 알게 됩니다. 본인이 페리에게 무턱대고 연봉을 올려달라고 떼썼고 이 때문에 페리가 곤혹스러워했다는 것이었습니다. 사샤는 루머를 바로잡고 싶었지만 이미 곳곳으로 퍼진 루머는 손쓸 방법이 없었고 결국 동료들로부터 따돌림을 당하게 되었습니다.

**가스라이팅
퀴즈 3**

Q1. 페리가 사샤에게 가한 가스라이팅 시그널을 찾아보세요.

Q2. 사샤가 겪은 가스라이팅 부작용을 찾아보세요.

Q3. 사샤처럼, 직장 동료나 상사, 후배가 앞에선 잘 대해주고 뒤에서는 교묘히 루머를 퍼뜨리고 다닌 적이 있나요?

―――― 체크리스트 ――――

가스라이팅 기억을 찾아보기

다시 1장의 '가스라이팅 시그널'을 보세요(18~28쪽). 그 시그널들을 잘 기억하며 아래 상황을 경험한 적이 있는지 곰곰이 생각해보세요. 정확히 일치하지 않아도, 그 정도가 심하지 않았어도 괜찮습니다. 조금이라도 관련된 상황을 겪었다면 그 일을 잘 떠올려 어딘가에 적어보세요. 내가 일상 속에서 가스라이팅 시그널을 누구에게 받고 있는지 점차 명확해질 것입니다.

- ☐ 심각한 수치심을 느낀 적이 있다.
- ☐ 근거 없는 소문의 대상이 된 적 있다.
- ☐ 절친한 이에게 사기를 당한 적이 있다.
- ☐ 뻔한 거짓말에 속수무책으로 당한 적이 있다.
- ☐ 아무 이유 없이 악의적인 비난을 받은 적이 있다.
- ☐ 누군가에게 생각지도 못한 공격을 받은 적이 있다.
- ☐ 잦은 비난을 받으며 주변의 신뢰를 잃은 적이 있다.
- ☐ 누군가의 실수를 뒤집어쓰고 희생양이 된 적이 있다.
- ☐ 다른 사람의 마음을 읽어내지 못했다고 비난받은 적이 있다.
- ☐ 누군가 '다 네 잘못이야'라고 말해서 죄책감을 느낀 적이 있다.
- ☐ 앞에선 웃고 뒤에선 욕하는 식의 위선적 대우를 받은 적이 있다.
- ☐ 마치 내가 과민 반응을 하고 있다는 듯한 취급을 받은 적이 있다.
- ☐ 다른 사람에게 괴롭힘을 당하거나 다른 사람 때문에 겁먹은 적이 있다.
- ☐ 누군가로부터 내가 좋아하는 사람과 멀어져야 한다는 압력을 받은 적이 있다.
- ☐ 다른 사람에게 뭔가를 바랄 때, 그게 합리적인 요구여도 괜히 미안해하며 주저한 적이 있다.

--- 체크리스트 ---

내가 겪은 가스라이팅 부작용들 찾아보기

가스라이팅 부작용을 겪고 있는지 알아볼 수 있는 몇 가지 상황을 정리했습니다. 이와 같은 부작용을 겪은 적이 있는지 곰곰이 생각해보고, 다이어리나 일기장에 그 기억을 적어보세요.

- ☐ 잦은 우울감이 들었다.
- ☐ 내가 우유부단하다는 생각이 들었다.
- ☐ 큰 문제가 없는데도 계속 조바심이 났다.
- ☐ 내 결정이 맞는지 언제나 혼란스럽고 의심이 들었다.
- ☐ 일상생활 중 작은 일에도 극심한 스트레스를 받았다.
- ☐ 자신감과 자존감이 급격히 떨어졌고 쉽게 회복되지 않았다.
- ☐ '싫다'고 말할 권리가 있는 상황에서도 다른 사람에게 사과했다.
- ☐ 내 삶이 불행하다고 느꼈고 어떤 일에도 즐거움보다 불안이 먼저 느껴졌다.
- ☐ 누군가 나에게 '너 가스라이팅당하고 있어'라고 해도 이를 인정하지 않았다.

Q. 가스라이팅 부작용 중 과거에 경험했지만 현재는 같은 증상을 보이지 않는 항목이 있나요? 있다면 그 변화를 이끈 중요한 요인이나 사건은 무엇인가요?

지나고 나서야 깨닫는 가스라이팅의 아픔

과거 가스라이팅을 당했는지 되돌아보는 과정은 내가 가스라이팅을 당했다는 사실이 힘겹긴 해도, 삶의 확신을 되찾기 위해서는 꼭 필요합니다. 지금까지 시그널과 부작용을 공부하고 퀴즈를 풀고 과거를 되돌아보며 내가 가스라이팅을 당한 건지 아닌지 확인했다면, 이젠 그 '감정'에 집중할 때입니다. 우리의 삶은 감정으로 이루어져 있다고 해도 과언이 아닐 만큼, 내가 느낀 것들은 나에게 깊은 통찰을 가져다주니까요.

앞서 확인한 가스라이팅 경험을 떠올리며 다음 물음에 답해보세요. 여러분의 답은 또다시 가스라이터를 만났을 때 그냥 지나치지 않고 제대로 맞서 싸우게 해주는 힘이 되어줄 것입니다.

**그때
그 감정에
대하여**

Q1. 가스라이팅을 당했던 당시 기분이 어땠나요? 잘 기억나지 않더라도 어렴풋이 남아 있는 감정을 생각해보세요.

Q2. 지금 시점에서 그 일을 떠올리면 어떤 감정이 느껴지나요?

Q3. 여러분처럼 가스라이팅을 당하는 인물을 영화나 TV 프로그램, 연극, 책에서 찾아보세요. 그들은 그 상황에 어떤 감정을 느끼고 있고 어떻게 대응했나요?

Q4. 만일 가스라이팅을 당했던 상황을 또다시 마주한다면, 이번엔 어떤 식으로 대응하고 싶나요? 가스라이팅에 대해 조금이라도 더 알고 이를 받아들인 지금, 당신의 반응을 생각해보세요.

'불신의 나'를 벗어나기 위한
내 몸 탐구

여러분은 지금 어떤 자세를 취하고 있나요? 구부정하게 서 있거나 한껏 다리를 꼰 채 기울어져 있나요? 다른 사람들과 함께 있을 때 어깨가 축 처져 있지 않나요? 여러분의 몸은 여러분에 대해 많은 것을 나타냅니다. 그리고 가스라이팅의 피해를 확인할 수 있는 증거가 되기도 하죠.

우리는 일상생활 속에서 몸에 대한 가스라이팅을 수없이 당하고 있습니다. TV 광고 속 유명인들은 언제나 완벽한 몸매를 하고 있습니다. 각종 SNS에서 인기를 얻는 스타들 역시 누구나 이상향으로 삼을 몸을 가지고 있습니다. 그 사이사이엔 근육 증량에 도움이 되는 단백질파우더, 운동기구 광고도 숨어 있고요. '멋진' 몸매를 한 사람들은 그런 몸매를 가진 사람만이 좋은 걸 누리고 행복하게 살 수 있다는 듯 연기합니다.

성 소수자나 장애인, 차별받는 인종인 사람들은 몸에 대해서마저도 매체를 통한 가스라이팅을 당합니다. 대중문화에서는 사회적 약자인

이들을 그릇되게 묘사하며 그것이 진실인 양 강요하고, 더 나아가 이들의 몸을 희화화하기까지 합니다. 그리고 이에 대해 당사자들이 반발하면 웃자고 한 이야기에 죽자고 달려든다며 가스라이팅합니다.

  이러한 시대 속에서 우리는 몸과 외모에 대한 주변의 평가가 진실인지, 왜곡되어 있는지 반드시 잘 알아야 합니다. 몇 가지 질문에 답하며 지금껏 나는 내 몸을 어떻게 생각해왔는지부터 알아봅시다.

나의 몸에 대하여

Q1. 평소 거울에 비친 내 몸을 보며 어떤 수식어를 붙여보았나요? 또는 내 몸이 어땠으면 좋겠다고 생각한 적 있나요?

Q2. 위에서 답한 수식어는 스스로 생각한 것인가요, 아니면 어딘가에서 주입된 생각인가요? 또한 내가 되고 싶은 몸은 누구로부터 기인한 것인가요?

Q3. 다른 사람들이 아무리 뭐라 해도, 스스로 가장 사랑하고 자랑스럽게 여기는 신체 부위는 어디 어디인가요?

몸이 하는 이야기를 귀담아들어야 하는 이유

정신적 충격이 우리 몸에 어마어마한 영향을 미친다는 사실을 아나요? 트라우마 치료의 권위자인 의학박사 베셀 반 데어 콜크^{Bessel Van der Kolk}는 저서 《몸은 기억한다^{The Body Keeps the Score}》(을유문화사, 2020)에서 정신적 외상, 즉 트라우마가 뇌 기능에 변화를 일으키고 신경계를 자극할 뿐 아니라 장기간에 걸친 고통과 만성질환을 가져다준다고 밝혔습니다. 여기서 트라우마에는 물리적 고통 후의 상흔뿐 아니라 가스라이팅과 같은 정서적 학대 후의 상처도 포함됩니다. 이 트라우마들은 우리 몸에 과거 겪었던 여러 고통을 자꾸만 재현합니다.

3장에서 우리는 자기 연민에 초점을 맞추기로 했죠. 이때 '몸에 대한 연민'을 잊지 말아야 합니다. 가스라이팅 시그널들과 부작용들, 다른 이의 가스라이팅 피해 사례를 보면서 갑자기 머리가 아프거나 숨 쉬기가 힘들고 심장이 뛰거나 주먹이 꽉 쥐어지는 등 신체적 변화가 느껴진다면 이는 여러분에게 남은 트라우마가 보낸 신호일 수 있습니다.

만일 연습 문제들을 해보면서 이런 신체적 증상이 심하게 나타난다면 잠시 읽기와 쓰기를 멈추고 내 몸을 그대로 느끼세요. 그리고 내 몸에 감사해보세요. 그래야 조금씩, 가스라이팅 트라우마에서 벗어날 수 있습니다.

감정을 구현하는 명상으로 내 몸 느끼기

명상이라고 하면 종교자들의 진지한 수련을 생각하는 분이 많을 텐데요. 조용하고 편안함을 느낄 수 있는 공간에서 편히 앉아 호흡하는 것 역시 명상입니다. 이때 눈을 감아도 좋고 떠도 좋아요. 눈을 뜬다면 너무 멀지 않은 거리에 부드럽게 초점을 맞추어보세요.

명상을 하면 몸에 집중할 수 있습니다. 머릿속에 떠도는 생각을 버리고 몸이 느끼는 감각에만 모든 신경을 쏟아보세요. 팔다리 근육의 이완과 폐의 움직임, 심장이 뛰는 걸 느꼈다면 그다음엔 가스라이팅이나 다른 정서적 학대에 관한 기억을 떠올려봅니다. 가장 고통스러웠던 기억보단 다소 찜찜하게 남아 있던 기억부터 떠올리세요. 기억을 떠올렸다면 가능한 한 당시 상황과 관련된 세부 정보를 많이 생각해냅니다.

그렇게 몇 분간 기억을 탐색했다면 다음으로는 감정에 주목합니다. 가장 강하게 느껴지는 감정이 분노인지, 슬픔인지, 죄책감인지, 어이없음인지 고르고 이를 소리 내어 말해봅니다. 주의할 것은 감정을 판단하지 않는 것입니다. '이 상황에선 상대가 이렇게 말했기 때문에 내가 죄책감을 느꼈어'와 같이 분석하거나 '내가 잘못한 상황이니 분노보단 슬픔이 맞아'라는 등 상황을 판단해서 감정을 붙이지 마세요. 그냥 딱 떠오르는 감정을 외쳐야 합니다.

자, 이제 가스라이팅 기억과 그때의 감정을 떠올렸다면 몸으로 다시 돌아갑니다. 머리 꼭대기부터 발바닥에 이르기까지, 영혼이 몸 바깥으로 나와 온몸을 훑어보듯 느낍니다. 그러면서도 떠올렸던 감정에 대한 인식은 유지해야 합니다. 그리고 신체 중에서 그 감정이 가장 강렬히, 또는 가장 오래 머무르는 곳이 어딘지 알아봅니다.

감정이 머무른 곳을 찾았다면 그곳에 손을 살짝 올려놓으세요. 그리고 마치 나를 위로하듯 쓰다듬어줍니다. 속으로 '분노를 느꼈을 그때의 내게 위로를 건넬게' 하고 생각하는 거예요. 나에게 보내는 따스한 사랑의 물결을 내 몸이 감각적으로 받아들일 수 있도록 집중합니다.

  몇몇 피해자들은 이 과정에서 내게 건네는 연민에 본능적으로 저항하기도 합니다. 그래도 괜찮습니다. 내 손길이 부드럽게 느껴질 때까지 계속해서 연민의 감정을 나에게 전하세요. 또 나의 감정을 알려준 몸에도 감사함을 전합니다.

  모든 과정이 끝난 후엔 스스로를 살짝 안아주거나 천장까지 팔을 쭉 뻗어 이완하며 몸과 마음을 편히 합니다.

다정하고 따스한
자기 대화 연습

자기 대화 self-talk 는 말 그대로 나 자신과 나누는 대화입니다. 자기 대화는 스스로에게 다정함과 연민을 전하며 긍정적으로 이루어지기도 하지만, 때에 따라서는 스스로에게 가혹한 비판을 전하는 부정적인 방향으로 흐를 수도 있습니다.

특히나 가스라이팅은 자기 대화가 부정적으로 이어지게 하는 데 큰 영향을 미칩니다. 계속해서 자기에게 '네 잘못이야', '네가 부족했어', '네가 예민한 거야'라고 말하게 되는 거죠. 이런 부정적 자기 대화를 긍정적으로 전환해야 내가 가스라이팅당하고 있음을 정확히 파악할 수 있고 자기 연민이 가능해집니다.

그럼 긍정적 자기 대화를 위한 연습을 함께 해볼까요? 앞으로 보여드릴 활동들은 자기 대화가 다정하게 흐를 수 있도록 고안되었습니다. 진심을 다해 쓰고 연습해봅시다.

진짜 나를 표현하기

내가 말하는 나는 어떤 사람인가요? 가스라이팅을 오랫동안 경험한 피해자들은 자신을 표현할 때 선택하는 단어가 부정적일 가능성이 많습니다. 또한 진정한 자기와 거리가 멀 수 있죠. 그래서 누군가의 조종에서 벗어나 스스로를 인식하는 자기 기술^{self-description} 연습이 필요합니다. 먼저 다음 질문에 답해보세요.

**자기 기술
연습** Q. 나를 묘사하는 5개의 단어와 5개의 문장을 써보세요.

여러분이 고른 단어는 긍정적인가요, 부정적인가요? 혹은 긍정과 부정이 나뉘지 않는 중립적인 표현인가요? 여러분이 쓴 문장은 부정어로 끝나요? 긍정적인 능력 묘사가 있나요?

자기 기술에 부정적인 표현이 많이 들어가 있다면 평소 자기 대화가 부정적으로 흘렀을 가능성이 높습니다. 또한 가스라이팅을 당했거나 당하고 있을 가능성도 높죠.

만약 대답이 모두 부정적이었다면 그 표현을 자기 연민을 담아 바꾸어봅시다. 예를 들면, '나는 지나치게 감성적이다'라고 썼다면 이를 '나는 내 감정에 충실한 편이다' 또는 '나는 남들보다 눈치가 빠른 편이다'라고 바꿔서 표현하는 것입니다.

가장 친한 친구에게 말한다면?

여러 번의 연습에도 자기 대화가 긍정적으로 흐르지 않을 수 있어요. 괜찮습니다. 정서적으로 지친 상태라면 당연히 그럴 수 있습니다. 게다가 가스라이팅 피해자는 오히려 남에게 관대하고 스스로에겐 엄격한 경우가 많습니다. 긍정적 자기 대화가 더욱 어려울 수밖에 없죠.

그렇다면 이렇게 가정해보면 어떨까요? 나의 가장 친한 친구가 오랫동안 가스라이팅을 당했다고 고백하는 상황입니다. 가스라이터에게 조종당한 자신이 어리석게 느껴진다며 우울해하고 가스라이팅 때문에 받은 상처가 너무 괴롭다고 하소연을 하고 있어요. 여러분은 나의 소중한 친구에게 어떤 말을 해줄 것 같나요?

분명 힘을 주는, 따스하고 다정한 말들을 떠올렸을 거예요. 그 말을 이젠 자신에게 해보세요. 그게 바로 연민의 자기 대화입니다.

**누구도
예외가 아닌
가스라이팅**

미국립 가정폭력 핫라인 National Domestic Violence Hotline에 따르면 미국 전체 여성과 남성 중 절반에 가까운 사람(여성 48.4%, 남성 48.8%)이 배우자로부터 심리적 공격을 겪고 있다고 합니다. 남성의 경우에도 배우자나 친구, 가족, 동료들에 의해 가스라이팅을 당합니다. 악한 의도를 지닌 가스라이터가 존재하는 이상 누구나 피해자가 될 수 있습니다.

"나는 예민한 게 아니라
감정에 충실한 것일 뿐이다."

쓰면서 찾아가는
진정한 나

이제 가스라이터가 심어둔 내 이미지가 아니라 진짜 나란 사람에 대해 조금은 알게 되었을 거예요. 이번엔 직접 쓰고 확인하며 진정한 나를 찾아가볼 차례예요. 그 과정을 통해 여러분은 스스로를 다정하게 바라보는 법을 알게 될 것입니다.

행동과 특성 분리하기

가스라이터가 지적했던 나의 행동들을 써보세요. 이 행동이 정말 나의 특성에 의해 나타난 것인지, 아니면 가스라이터가 악의적으로 평가한 것에 불과한지 분리해보세요.

나의 행동	나의 진짜 특성
나는 사람을 너무 믿는다.	상대의 말이 틀렸다는 것을 증명할 수 없을 때 상대를 불신하기보단 믿어주는 편이다.

자기 연민의 말 쓰기

오늘 하루 중 기억에 남는 일에 대해 자기 연민의 말을 써보세요. 이건 일기와는 조금 다른데요. 그냥 있었던 일과 감정을 쓰는 게 아니라 자기 연민을 실천할 수 있는 말들을 포함하는 것입니다. 아래 3가지 사항에 주목하여 자기 연민의 말을 써보세요. 일주일 정도 쓰고 나면, 점차 어떤 상황에서든 자신을 다정하게 안아줄 수 있게 됩니다.

1. 비판적 태도 버리고 사실을 인식하기

무슨 일이 일어났으며 그 일에 관해 어떤 느낌이 들었는지 쓸 때, 사건이나 자기에 대해 비판적인 태도를 보이지 않습니다.

2. 정상적인 반응으로 여기기

하루 중 기억에 남는 일이면 대개는 부정적 상황일 수 있습니다. 그러면 부정적 감정을 느끼는 게 당연하죠. 자기 연민의 말을 하기 전에 내가 너무 부정적인 사람이라 느껴진다면, 그런 부정적 감정이 정상적인 반응이라고 생각하세요. 예를 들어, 오늘 아침 출근길 교통체증이 심해 짜증이 났다면 누구나 교통체증 상황에서는 짜증이 나는 게 당연하므로 정상적인 반응이라 여기는 것입니다. 그리고 '교통체증을 겪었지만 회사에 가서 누군가에게 화풀이하지 않은 나는 참을성이 많다'고 스스로에게 따스한 칭찬을 건네봅니다.

3. 자신을 다정하게 대하기

연민의 감정을 불어넣어 자신을 안심시키는 말, 편안함을 느끼게 해주는 말을 떠올려보세요. 짧아도 좋고, 멋지지 않아도 좋습니다. 여러분 마음이 편해지고 따뜻해지는 말을 고르는 게 중요합니다.

나를 위로하는 편지 쓰기

가스라이팅 피해를 깨닫고 난 사람들은 이제 벗어났다는 해방감보다 그간 당해왔다는 사실에 자책과 괴로움을 더욱 많이 느낍니다. '내가 그때 그 말의 의도를 알아챘다면, 그 사람 말대로 행동하지 않았다면, 그 사람과의 관계를 빨리 정리했다면, 가스라이팅을 막을 수 있었을 텐데'라는 생각에 쉽게 빠지기 때문입니다.

여러분도 가스라이팅을 당했다는 사실에 스스로에게 실망하고 있다면 그런 생각에서 재빨리 벗어나야 합니다. 나쁜 사람은 가스라이터이지 여러분이 아니니까요.

스스로를 위로하는 편지를 써보세요. 제3자가 되어서, 피해를 당한 나에게 따스한 위로의 말을 건네는 것입니다. 아무리 생각해도 내게 조금은 잘못이 있다고 생각된다면, 그것대로 좋습니다. 그 잘못을 용서하면 돼요. 일을 성공시켜야 한다는 생각에 빠져 가스라이터의 요구를 무조건 수용했던 로라는 심한 자책에 시달렸습니다. 그러나 자기에게 보내는 편지에서 '그때 시야가 좁았던 걸 용서할게, 누구나 하나에 집중하면 다른 건 잘 보이지 않으니까'라는 말로 스스로를 용서했습니다.

여러분도 자신을 용서하는 편지에서 죄책감을 덜어내보세요. 단, 용서에 조건을 붙이는 건 피해야 합니다. '앞으로 남을 함부로 믿지 않는다면 용서해줄게'처럼 조건이 붙는 것은 결코 용서가 아닙니다.

내면화된 가스라이팅   자신을 다정하고 친절하게 대하기 어려워하는 사람들은, 그 망설임 이면에 자기 비난의 목소리가 가득합니다. 이런 목소리들은 내면화된 가스라이팅 internalized gaslighting 의 신호입니다. 정서적 학대와 가스라이팅에 익숙해지면 남이 뭐라고 하기 전에 자기가 먼저 스스로에게 거친 말을 내뱉거나 부정적 평가를 하게 됩니다. 일종의 자기 보호인데요. 자기가 자기를 가스라이팅하면 다른 사람에게서는 가스라이팅당하지 않을 수 있다는 생각을 하는 것입니다. 내면화된 가스라이팅은 자신감과 자존감을 억누르게 하며, 가해자가 물리적으로 존재하지 않을 때도 피해자는 계속해서 학대 상태에 놓이게 되어 매우 위험합니다. 만일 이러한 사고방식으로 자신을 대하고 있다면 더욱 적극적인 자기 연민 치료가 필요합니다.

to. 가스라이팅 피해로 힘겨운 나에게 쓰는 편지

자기 연민 크게 소리 내기

　자기 비난 목소리에 긍정적 태도로 맞서는 연습을 해봅시다. 첫 번째는 자기 연민을 강화하는 확언을 외치는 것입니다. 옆에 누가 있든 없든, 이 확언을 크게 소리 내어 외치는 일은 쉽지 않습니다. 특히 가스라이팅 피해를 오래 당한 사람이라면 꽤 힘겨울 수 있어요. 그러나 인내를 가지고 목소리를 더욱 크게 내길 바랍니다. 자신을 사랑받을 만한 사람으로 믿는 건 반드시 배우고 실천해야 하는 마음가짐이기 때문입니다. 만일 유난히 말하기 힘겨운 문장이 있다면 그 내용 때문에 상처가 깊다는 의미이므로 오히려 더욱 부딪쳐봐야 합니다.

　다음 5개의 확언을 외쳐보세요. 그리고 그 밑에 나만의 확언을 더 써봅시다. 이 문장들은 프린트하거나 따로 적어서 방이나 사무실 가장 잘 보이는 곳에 붙여두세요. 자꾸 보고 외칠 때마다 자기 비난의 목소리는 점차 작아질 것입니다.

―― **자기 연민 확언 외치기** ――

"나는 존중받을 자격이 있다."
"나는 비록 가스라이팅에 상처받았지만 분명 나을 수 있다."
"나는 다른 사람에게 조종당하고 정서적으로 학대받아도 되는 사람이 아니다."
"나는 다른 사람의 좋은 점을 믿고 내게 상처 주는 행동을
용서하고 싶어 하는 나 자신을 받아들인다."
"나는 사랑과 연민의 감정을 느낄 자격이 있다."

―― **내가 쓰는 자기 연민 확언들** ――

"나는 _____."

일기 쓰기

자존감 회복을 위한 매일 기록

일주일간, 스스로에게 어떤 태도를 보였는지 기록해보세요. 가스라이팅으로 무너진 자존감은 나를 온전히 바라볼 때 회복됩니다.

※작성법
하루를 마무리하는 밤이 되었을 때, 각 질문에 대해 솔직하게 평가해봅니다. 해당되는 일이 없었다면 굳이 평가하지 않아도 됩니다.

거의 그러지 않았다		거의 그랬다		항상 그랬다
1	2	3	4	5

	월	화	수	목	금	토	일
오늘 무언가 문제가 발생했을 때, 내가 겪은 어려움을 다른 사람들도 겪는 삶의 정상적인 부분으로 받아들였다.							
오늘 무언가 감정적 고통을 느꼈을 때, 이를 회피하는 대신 그대로 인지하고자 노력했다.							
오늘 기분이 언짢거나 불행하다고 느꼈을 때, 이런 감정은 누구나 느끼는 보편적 감정이라는 점을 상기하려 노력했다.							
오늘 무언가 문제가 발생했을 때, 나 자신을 매우 가혹하게 비난하지 않으려 했다							
오늘 온종일, 나 자신에게 온화하고 친절하게 대해줬다.							
오늘 실수를 저질렀을 때, 세상이 끝날 것처럼 굴지 않고 이 또한 평범한 일상이라고 생각했다.							
오늘 상처를 받았을 때, 나 자신을 따뜻하게 바라보며 상처를 보듬기 위해 노력했다.							
오늘 상처를 받았을 때, 나 자신에게 마음을 열고 무엇 때문에 상처받았는지 이해하고자 했다.							
오늘 나의 인간적 결점을 발견했을 때, 이를 용서하고 어떻게 바꾸어나갈지 생각했다.							
오늘 평소 스스로 혐오해왔던 행동을 나도 모르게 했을 때, 조바심 내지 않고 반성했다.							

비전보드 만들기

비전보드는 내가 발견하고 싶은 미래의 나를 이미지로 알아보는 과정입니다.

두 개의 큰 원을 만들어서, 한쪽에는 '가스라이팅'과 관련하여 떠오르는 이미지를 그리거나 사진을 붙여봅니다. 그림과 사진을 찾기 힘들다면 관련된 단어를 적어도 좋아요. 대부분은 혼란스러움과 자신감 부족, 불안 등을 표현하는 것들일 거예요.

이제 다른 쪽 원에 가스라이팅당한 뒤의 자신을 나타내봅니다. 내가 가스라이팅을 당한 후 변한 부분들을 그림으로 그리고 유사한 사진을 찾아보세요. 이번에도 단어나 문장으로 표현해도 좋습니다.

이 두 원은 가스라이팅당한 나를 정확히 알아볼 수 있게 해줍니다. 그리고 가스라이팅을 알아챈 나 자신에게 긍정적 칭찬을 건네며 자기연민을 할 수 있게 해주죠.

그리고 마지막으로 두 원 아래에 또 하나의 원을 만듭니다. 이번엔 가스라이터의 영향에서 벗어난 나를 이미지로 표현해봅니다. 내가 발견하고 싶은, 미래의 나는 어떤 모습인가요?

완성된 비전보드는 주기적으로 상기할 수 있도록 눈에 보이는 곳에 두면 더욱 좋습니다.

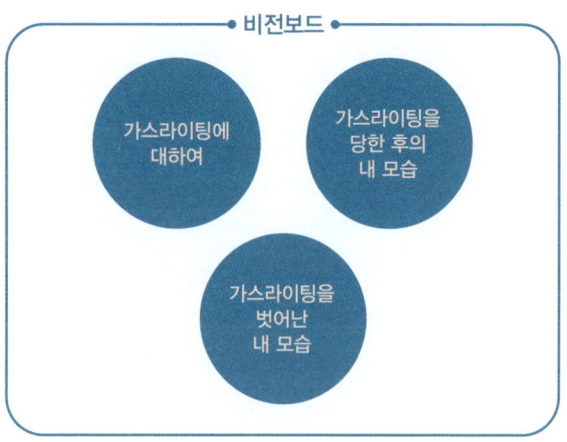

찢고 떨쳐내기

작은 종이에 내가 겪은 가스라이팅을 적어봅니다. 그때 당시의 감정과 가스라이팅을 깨닫고 난 후의 감정도 적습니다. 단어여도 좋고 문장, 그림이어도 좋습니다.

다 적었다면 종이를 찢습니다. 잘게 잘린 종잇조각들은 속 시원히 쓰레기통에 버립니다. 안전하다면 태우는 것도 좋아요. 그리고 이렇게 외칩니다.

"이제 내게 더 이상 가스라이팅의 상처는 남아 있지 않아!"

3장을 마무리하며

Q1. 어떤 문제가 가장 마음에 와닿았나요?
Q2. 어떤 문제가 가장 마음에 와닿지 않았나요?
Q3. 3장을 끝낸 지금, 기분이 어떤가요? 3장을 읽기 전과 후의 기분 변화를 써보세요.
Q4. 3장의 연습 문제들을 통해 무엇을 얻었나요?

4장
2단계: 자존감 형성
나 자신을 긍정하기

가스라이팅 치료 2단계에서는 해로운 관계로부터 상처 입은 자존감을 확인하고 회복한 뒤, 여러 관계 속에서 자기주장을 펼치는 법을 익히기 위한 연습을 해볼 거예요. 또 다양한 방식의 의사소통을 이해하고 실천하는 법, 자신을 더 높게 평가하는 법, 성장과 감사에 관한 마음을 강화하는 법도 함께 알려드릴 것입니다.

몇몇 질문들은 답하기가 힘게울 수 있어요. 가스라이터들은 당신이 결점투성이라고 믿게끔 가스라이팅해왔으니까요. 하지만 인내심을 가지고 가스라이팅의 여운을 떨쳐버린다면, 가스라이팅이 더는 여러분을 통제하지 못할 것입니다. 오롯이 나로서 존재하는 시간을 확보하고 가스라이팅에 맞서는 자신을 다정하게 대해주세요.

자존감이 중요한
이유

 자존감은 개인적 가치관과 연관이 있습니다. 자존감 수준은 우리가 다른 이들과 관계를 맺으며 그 속에서 어떻게 자신을 지탱하는지, 그리고 어떤 대우를 받고자 하는지에 대해 핵심적이고 직접적인 영향을 미치죠. 그래서 자존감이 너무 낮으면 자신이 사랑받고 존중받을 자격이 없다고 믿게 되며 저절로 다른 사람이 나의 우위에 있다고 가정하게 됩니다. 그리고 그런 태도는 가스라이팅 행위를 인식하지 못하게 하거나 이를 깨달아도 계속 용인하게 합니다.

 반대로 자존감이 너무 높은 경우, 실속 없이 거창하고 거만한 데다가 다른 사람보다 특출 나 보이는 자기 모습에 비현실적인 기대를 품게 됩니다. 내가 다른 사람보다 월등하다고 믿기 때문에 자아도취적 성격이 되기도 하죠. 그리고 불행히도, 이런 자아도취 성향을 지닌 몇몇 사람들은 다른 사람을 가스라이팅하거나 출세를 위해 남을 조종하는 일을 목표를 이루는 노력의 일환이라고 여기기도 합니다.

건강한 자존감은 한 사람으로서의 내 가치를 온전히 인정하게 해줍니다. 자존감이 건강한 사람은 장점과 결점을 있는 그대로 받아들여서 장점에는 긍정적 자기 대화를 건네고, 실수에는 명확한 책임을 지죠. 또 어느 관계에서나 공정한 대우를 기대하며 해로운 관계에서 적극적으로 벗어날 수 있습니다.

적극적
권리 장전

가스라이팅의 학대에서 살아남은 많은 생존자들은 이후 인간관계에서 확실한 자기주장을 하기 위해 고군분투합니다. 아무리 가스라이팅에서 벗어났어도 내 욕구와 목소리를 높이는 것이 이기적이라는 생각이 아직 머릿속에 남아 있기 때문입니다. 분명히 말하지만, 내 욕구와 의견을 표현하는 건 나의 정당한 권리입니다.

다음은 미국의 심리학자 마누엘 스미스Manuel J. Smith가 1975년에 발표한 〈A Bill of Assertive Rights(자기주장 권리 장전)〉를 변형해 만든 〈적극적 권리 장전〉입니다. 각 항목을 힘차게 외쳐보세요.

적극적 권리 장전

나는 언제든 마음을 바꿀 권리가 있다.
나는 '모르겠어'라고 말할 권리가 있다.
나는 '나하곤 상관없어'라고 말할 권리가 있다.
나는 누군가를 돕지 않고 동정심만 느낄 권리가 있다.
나는 육체적, 정신적, 감정적 공간을 차지할 권리가 있다.
나는 어떤 상황이든 해로운 관계에서 벗어날 권리가 있다.
나는 죄책감을 느끼지 않고도 '싫다'라고 말할 권리가 있다.
나는 나에게 상처 주는 사람들과 관계 맺지 않을 권리가 있다.
나는 실수할 권리가 있으며 저지른 실수에 대해 책임질 수 있다.
나는 정당화하거나 사과할 필요 없이 생각하고 느낄 권리가 있다.
나는 다른 사람의 평가와 상관없이 생각과 감정, 행동을 판단할 권리가 있다.
나는 세상 모든 사람과 차별화되는 특별한 개성을 지닌, 유일한 내가 될 권리가 있다.
나는 다른 사람의 문제를 대신 해결하고 그 책임을 혼자 지지 않아도 될 권리가 있다.
나는 다른 사람들과 상관없이 나만의 가치관과 도덕률, 윤리관을 형성할 권리가 있다.
비록 다른 사람이 원하는 바와 다를지라도, 나는 나를 위해 최선의 선택을 할 권리가 있다.

**적극적
권리 장전을
읽고**

Q1. 각 항목을 읽으면서 가장 와닿는 것은 무엇이었나요?

Q2. 반대로 그다지 와닿지 않는 부분은 무엇이었나요?

Q3. 권리 중 어떤 것이 특히 받아들이거나 동의하기 어렵다고 느껴졌나요? 가장 받아들이기 힘들었던 권리는 지금 여러분에게 가장 치료가 시급한 것이 무엇인지를 알려줍니다.

자존감 상처를
치료하는 여행

가스라이팅은 자존감을 깎아내림으로써 지속됩니다. 그러나 다행히, 무너진 자존감은 다시 세울 수 있어요. 이제부터 상처 입은 자존감을 이해하고 이를 치료하는 여정을 시작해봅시다.

자존감 상처를 확인하는 3단계

1단계 내가 받았던 가스라이팅 시그널에 사용된 단어나 문장, 행동을 나타내는 그림을 그리거나 글을 쓴다.

2단계 1단계에 쓴 단어나 문장, 행동이 내가 나를 어떻게 생각하게 했는지를 그리거나 글로 쓴다.

3단계 가스라이터의 메시지에 대응하기 위해 나를 새로이 그리거나 글로 묘사한다. 그리고 이를 다른 이에게 말한다.

내가 받은 가스라이팅 시그널	가스라이팅 메시지가 내게 미친 영향	새로운 나
"넌 살만 빼면 정말 예쁠 거 같은데."	현재의 나는 뚱뚱해서 못생겼다. 살을 빼지 않으면 아무도 날 좋아하지 않을 것이다. 그러나 살을 빼는 데 항상 실패한다. 나는 의지가 약하다.	나의 가치는 몸무게에 달려 있지 않다. 또한 내가 어떤 몸매를 가졌든 내 몸을 이유로 남이 나를 미워할 권리는 없다. 나는 어떤 모습이어도 사랑받을 자격이 있다.

잘못된 인식을 만든 사건 확인하기

　스스로를 좋지 않게 평가할 때 그 이면에 있었던 진실을 파헤치는 것은 상처받은 자존감을 회복하는 데 도움이 됩니다. 이 연습은 앞서 3장에서 자기 연민을 위해 연습했던 자기 대화를 바탕으로 합니다.

　먼저 내가 인식하는 나를 적어보세요. 그다음, 그 인식이 생기게 된 사건을 떠올려봅니다. 개인적인 일일 수도 있고 사회적인 문제에 간접적으로 영향을 받은 것일 수도 있겠죠. 잘 기억나지 않는다면 당시 일기나 친구와의 메시지 기록, 뉴스 등을 찾아봐도 좋습니다.

　이를 통해 내가 인식했던 나는 사실 자존감에 상처를 입고 왜곡해서 바라본 나라는 걸 알 수 있습니다.

나에 대한 인식	내게 일어난 사건
나는 끈기가 없어 한 직장에 오래 다니지 못한다.	첫 회사를 나갈 때 동료가 내게 퇴사를 종용하며, 퇴사를 하지 않으면 내가 실패할 거라고 다그쳤다. 당시엔 조언이라고 생각했는데, 지금 보니 회사에서 잘리기 직전이던 동료가 물귀신 작전으로 나에게 가스라이팅한 것이었다.

'나를 사랑해' 명상

자존감 회복에 있어 나를 사랑하는 건 아주 중요합니다. 자존감은 자아, 즉 자기 인식이 어떤지에서부터 시작되기 때문입니다. 물론 가스라이팅 피해자가 스스로를 다시 사랑하기까지는 어려움이 많습니다. 계속해서 내면의 자기 비난자가 쫓아오기 때문이죠. 자기 비난자는 여러분이 원래 부정적인 사람이어서 생긴 게 아니라 가스라이팅을 당하며 내면화된 외부의 비판입니다. 그래서 더욱 적극적으로 나를 사랑하는 연습이 필요합니다.

지금부터 스스로를 사랑하는 명상법을 알아볼게요. 먼저 편안한 곳에 앉고 눈을 감습니다. 그리고 머릿속으로 내 앞에 테이블이 놓여 있으며 그 건너편에 '내 안의 자기 비난자'가 의인화되어 앉아 있다고 상상합니다. 그는 여러분과 눈을 마주하고 목소리를 들을 수 있을 만큼 가까이에 있습니다. 그를 그릴 때 불안과 분노, 슬픔 등을 느낄 수도 있을 거예요. 그렇다면 그 감정을 외면하지 말고 오히려 집중하여 느껴봅니다.

온몸을 사용해 숨을 깊게 천천히 들이마시고 내쉽니다. 몸 안에 공기가 차오르고 빠져나가는 감각을 느끼세요. 들숨에 평화를 마시고, 날숨에 불안을 내뱉습니다.

자, 이제 자기 비난자를 바라보며 대화를 나눌 준비가 되었다고 말하세요. 그러면 그는 지체 없이 그간 여러분을 괴롭혀왔던 비난들을 쏟아낼 것입니다. 그럴 때는 내가 대응할 수 있도록 한 번에 한 가지 불만을 이야기하라고 해야 합니다. 그가 비난을 말하면 여러분은 그게 진실인지 아닌지 호기심을 가지고 들어보세요. 더불어 그 말을 들었을 때의 감정 변화와 신체 반응도 잘 살핍니다. 만일 두려워지거나 화가 나고 산만해진다면 대화를 잠시 끊고 심호흡 단계로 돌아갑니다.

자기 비난자가 불만을 제기할 때 감정이 일어나는 지점을 찾아야 합니다. 또한 신체감각이 변하는 곳도 잘 살펴 그곳에 손을 올리고 '괜찮아' 혹은 '사랑해'라고 말해보세요.

자기 비난자가 지적하는 결점들에 내 몸과 마음이 반응할 때 자기 연민을 담아 이야기를 건네니 기분이 어떠한가요? 마음이 부드러워지고 따스한 기분이 들며, 사랑으로 가득 찼나요? 그렇지 않다면 반복해서 말을 걸고 위로해주세요.

그리고 마음이 열리고 사랑으로 충만해졌다고 느낄 때, 나의 일부분이자 나의 모든 결점을 떠올리게 하는 자기 비난자를 바라보며 이렇게 말하세요.

"그래도 난 널 사랑해."

내면의 자기 비난자에게는 말다툼식으로 반응하기보다 계속해서 사랑의 손길을 내미는 것이 좋습니다. 그는 가스라이터에게 받은 상처 속에서 여러분을 보호하고자 태어난 존재이기 때문입니다. 남이 뭐라고 하기 전에 내가 먼저 나를 채찍질하는, 일종의 보호 심리인 것입니다. 그렇기에 자기 비난자에게는 사랑을 보내고 보듬어줘야 합니다.

명상을 마친 뒤엔 어떤 점을 느꼈는지 확인하세요. 변화하는 자신을 조금씩 느낄 수 있을 거예요.

가장 친한 친구가 써주는 나의 자서전

가장 친한 친구가 나의 자서전을 써주기로 했다고 상상해보세요. 아마 친구는 내가 어떤 사람이고 무엇이 나를 특별하게 만드는지를 가장 궁금해할 거예요. 또 나의 개성과 개인적 성취, 능력, 장점에 초점을 맞추겠죠.

내가 친구가 되기도 하고 나 자신이 되기도 하는, 1인 2역을 하며 자서전을 써보세요. 자서전이라고는 하지만 거창하진 않아요. 그냥 나의 긍정적인 자질을 한 단락이라도 적어보는 겁니다.

아직 가스라이팅 상처에서 벗어나지 못해 이 과정이 어렵다면, 실제 친한 친구와 함께 인터뷰를 진행해보는 것도 좋습니다. 몇 가지 예시 질문을 드리니, 이 외에도 여러 질문을 적어보고 답도 해보세요.

친구와 하는 인터뷰

Q1. 당신의 장점은 무엇인가요?
Q2. 자신의 어떤 점이 가장 자랑스럽나요?
Q3. 남들과는 다른 특별한 취향이 있나요?

장점을 찾는
여행

우리는 모두 남들과 구별되는 개성과 장점, 능력을 지녔습니다. 혹시 지금껏 나만의 특별한 자질을 생각해본 적이 없다면 지금이 가장 좋은 기회예요.

우리가 장점이라 부르는 개념들이 몇 가지 있죠. 사랑, 용기, 다정함, 지혜 등 말이에요. 그 긍정적 특성들이 내게도 있었던 시기를 떠올려봅시다. 그리고 그 특성으로 나는 다른 사람에게 어떤 도움을 주었는지도 기억해보세요.

나의 장점을 스스로 발굴하는 이 여행에는 한 가지 주의할 점이 있습니다. 너무 겸손한 태도는 어울리지 않는다는 것입니다. 이 여행에선 나를 특별하게 하는 모든 것들에 이름을 붙이고 자부심을 가질 거니까요.

우선 여행의 첫걸음으로 다음 질문에 답해보세요. 너무 깊이 생각하지 않고 가볍게 답해도 아무도 뭐라 하지 않으니 편히 해보세요.

**나의
장점 찾기
질문**

Q1. 내가 좋아하는 내 모습은 무엇인가요?

Q2. 내가 잘하는 것이나 장점은 무엇인가요?

Q3. 나만이 지닌 특별한 모습은 어떤 게 있나요?

Q4. 내가 가장 자부심을 가지는 장점은 무엇인가요?

Q5. 나의 진짜 장점을 바탕으로 나는 어떤 능력을 발휘할 수 있나요?
그 능력을 어떤 곳에 어떻게 사용하고 싶나요?

성장
타임라인

결점과 실수에 지나치게 집중하다가 자신이 성장한 것을 알아차리지 못하는 사람들이 있습니다. 이 역시 가스라이팅 때문에 장점을 올곧이 바라보지 못한 탓입니다.

따라서 우리는 성장 타임라인을 반드시 그려봐야 합니다. 이는 우리가 정신적, 정서적, 신체적으로 언제 얼마나 성장했는지를 보여주어 자존감을 회복하는 데 큰 도움이 됩니다.

빈 종이 중간에 선을 하나 긋습니다. 이 선은 왼쪽에서 오른쪽으로 갈수록 과거에서 현재가 됩니다. 그다음 살면서 장점을 얻어 성장했던 때를 찾습니다. 아주 어릴 적 홀로 걸었던 성장이라면 독립과 용기를 얻었던 때겠죠. 학교에서 대회에 나가 상을 탔다면 그건 실천과 도전이란 부분에서 성장한 것입니다.

이러한 성장점들을 하나씩 찾아 쓰고 그때의 느낀 점을 기록합니다. 타임라인에 기록할 게 많이 없어서 위축될 분들도 있을지 모르겠어요. 그러나 길을 잃고 헤맸거나 어딘가에 갇히고 뒷걸음질한 시기도 주목해야 합니다. 이 모두가 성장의 한 과정이니까요. 그리고 앞으로 성장해나가면 될 일입니다.

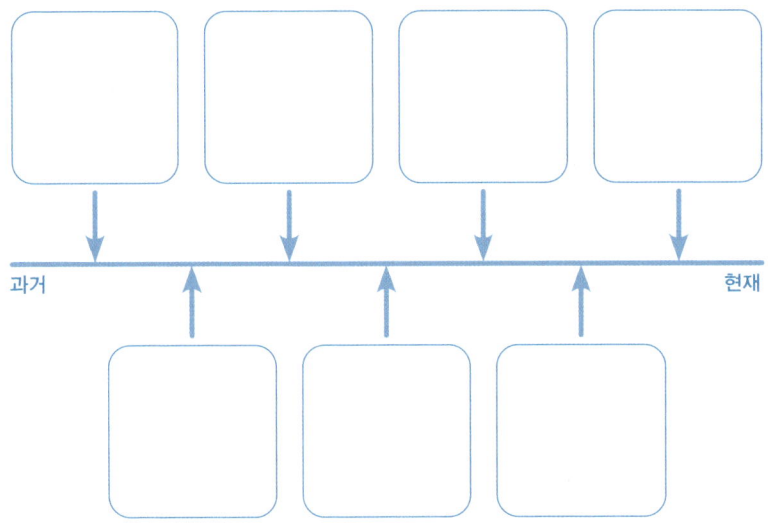

새로운 성장 목표 정하기

타임라인 작성을 마쳤다면 이제 새롭게 추구하는 목표를 세워봅시다. 얻고 싶은 장점이 있나요? 혹은 그간 미진했던 부분을 집중적으로 성장시키는 목표를 잡아봐도 좋습니다.

앞서 그린 타임라인 표를 하나 더 그리세요. 이번엔 가운데 선의 왼

쪽 끝이 현재이고 오른쪽으로 갈수록 미래가 됩니다. 앞으로의 삶에서 노력을 쏟을 7개의 목표를 정해보세요. 그리고 그 목표를 달성할 날짜도 어림잡아 적어봅니다. 과감하게 생각하세요. 이 표에는 끝이 없으므로 여러분이 원하는 데까지 어디든 갈 수 있습니다.

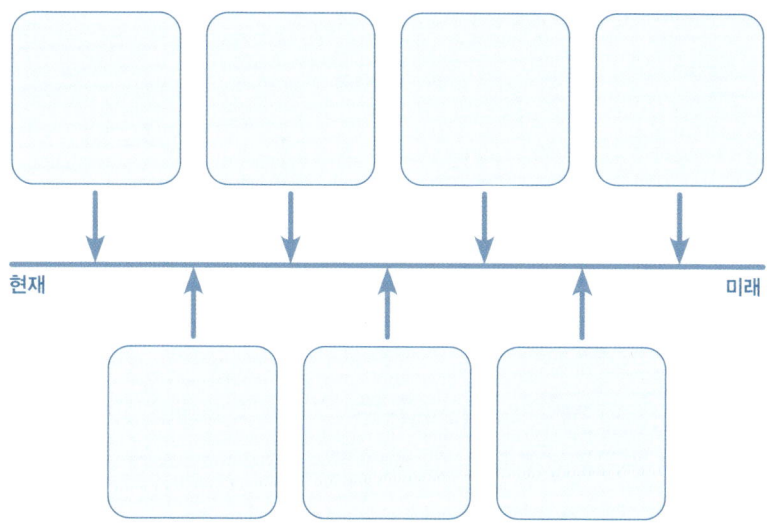

매일 감사하는
연습

아침에 일어나 만나는 거울 속의 나를 보면 어떤 생각부터 하나요? 저는 나 자신에게 고마운 부분을 생각합니다. 그리고 소리 내어 '고마워'라고 말하죠. 조금 엉뚱하게 들릴 것도 같은데요. 하지만 내 존재 자체에 감사하는 일은 자존감을 회복하는 가장 **빠른** 방법입니다.

나에게 감사하기

저처럼 나에게 감사 인사를 하는 게 어렵다면 자기 전이나 짬이 날 때 감사 인사를 메모해보세요. 그 메모를 잘 모아두고 자존감이 떨어질 때나 불안할 때 보면 정말 많은 도움이 될 거예요. 또는 100일 동안 매일 정해진 시간마다 알람을 맞춰서 꾸준히 나에게 감사를 전하면, 나의 장점들을 무수히 발견할 수 있을 것입니다.

아직은 내 장점보다 결점이 더 잘 보이고, 몇 개 찾다가 그 이상은 찾지 못할 수도 있어요. 그렇다면, 그냥 하루 중 감사했던 일을 떠올려도 좋습니다. 동료가 커피를 사준 일, 오늘 머리 스타일링이 잘된 일, 엘리베이터가 바로 온 일 등 거창하든 사소하든 상관없이 오늘 하루 감사했던 순간을 떠올리고 잠들면 다음 날 아침이 더욱 행복해집니다.

자존감 드러내기

스스로에게 감사하는 게 익숙해졌다면 그다음으로, 감사 인사 안에 나의 자존감을 심어봅니다. 이를테면, '아픈 곳 없이 하루를 보내줘서 고마워'라고 감사 인사를 했다면 이제는 '몸과 마음이 모두 건강한 사람이어서 고마워'라고 조금 더 스스로를 긍정하고 축복받은 사람으로 여기는 것입니다.

존재함에 감사하기

보디랭귀지는 나에 관해 많은 걸 보여줍니다. 어떻게 앉고 서고 움직이는지, 즉 우리가 이 세상에서 공간을 차지하는 방식은 우리 마음의 편안한 정도를 반영하기 때문입니다. 그래서 설사 마음이 편치 않더라도 의식적으로 몸을 편히 만들어보는 게 좋습니다. 이 과정에서 내가 존재함에 감사하는 말까지 곁들인다면 자존감이 훨씬 더 높아질 수 있죠.

함께 연습을 해볼까요? 우선은 충분한 공간이 필요합니다. 거울 앞이 가장 좋지만 어렵다면 일단 서 있을 수 있는 공간만 찾아도 돼요.

회사라면 비상구 계단이 좋겠고, 집이면 넓은 거실이 좋아요. 만일 서 있기 어려운 공간이라면 가능한 한 등을 바로 세우고 곧은 자세로 앉아보세요.

그다음 내가 작거나 부끄럽고, 가치 없게 느껴졌던 때를 떠올려보세요. 스스로를 낮게 평가할 때 여러분은 어떤 보디랭귀지를 보였나요? 저의 내담자들은 대개 털썩 주저앉거나 웅크리는 등 몸을 작게 만들었다고 합니다. 이 세상에서 내가 차지하는 공간을 줄이고 또 줄인 것이죠. 여러분도 아마 비슷한 보디랭귀지를 보였을 것입니다.

이제 의식적으로, 나는 자신감이 넘치고, 단호하며, 악인에 당당히 대응할 수 있고, 가치 있는 사람이라고 생각하세요. 그렇게 느껴지지 않더라도 그런 나를 상상해야 합니다.

그다음 발을 어깨너비만큼 벌리고 선 뒤 양팔을 허리 옆에 느슨하게 늘어뜨립니다. 발바닥이 바닥에 확실히 닿는 것을 느끼세요. 몸무게가 엄지발가락과 새끼발가락, 발뒤꿈치에 고루 분산되어야 합니다. 몸통은 마치 위로 솟아오르듯 곧게 합니다. 몸의 중심이 바로서서 누가 밀어도 넘어지지 않을 만큼 몸이 단단해지게 하세요.

다리와 엉덩이, 등의 근육은 살짝 수축시켜봅니다. 꽉 힘을 준다기보다 근육 에너지를 느껴서 내 몸에 이러한 힘이 존재한다는 것을 깨닫는 거예요. 그리고 어깨를 뒤로 부드럽게 당깁니다. 가슴이 열리는 걸 느끼세요. 동시에 턱을 들어 저 멀리를 살짝 올려다봅니다. 팔다리에서는 에너지가 뿜어져 나오고, 심장과 가슴은 활짝 열려 편안해짐을 느끼세요. 잠시 후 천천히 두 팔을 머리 위로 곧게 펴서 마치 하늘을 누르듯 뻗으세요. 고개도 같이 하늘을 향해 듭니다.

자, 이제 여러분은 이 우주에 여러분만의 존재의 공간을 확보했습니다. 다른 누구도 건드릴 수 없는 공간이에요. 이 공간 안에서 여러분은 단단한 신체를 지닌 채 온몸에서 에너지를 내뿜고 있습니다. 이처럼 존재의 공간을 가질 수 있는 여러분은 위대한 사람입니다. 그 사실에 감사해보세요.

자기주장은
나쁜 것이 아니다

자기주장을 드러내며 적극적으로 의사소통하는 것은 아주 이상적인 자존감 표현 방식입니다. 그러나 그 적당한 정도를 찾는 건 매우 어렵죠.

다만, 다른 사람에게 강압적으로 의견이 묵살되고도 가만히 있거나 자신의 의견만 강압적으로 밀어붙이는 양극단의 의사소통만 아니라면 바람직한 자기주장 방식은 분명 찾을 수 있어요. 수동적인 자세에서 벗어나 내가 하는 말의 의미를 정확히 파악한다면 우리는 올바른 자기주장을 할 수 있습니다.

가스라이팅 피해를 겪은 사람들은 자기주장에 관해 소극적인 편입니다. 그래서 올바른 자기주장을 펼치기 위해서는 내가 자기주장을 어떻게 해왔는지부터 확인해봐야 합니다.

나의 자기주장 방식 알아보기

Q1. 내가 생각하는 적정한 자기주장은 어느 정도까지일까요? 예를 들어, 선생님이나 상사, 어른들의 의견에 반대할 때 나라면 어느 정도까지 말할 수 있을지 생각해보세요.

Q2. 주변 사람 중 자기주장을 가장 적극적으로 편다고 생각되는 사람은 누구인가요? 평소 그를 보면 어떤 기분과 생각이 들었나요?

Q3. 그 사람이라면 Q1.에서의 상황일 때 어떻게 말하고 행동했을까요?

Q4. 적극적으로 자기주장을 하는 나를 상상하면 기분이 어떤가요? 만일 두렵거나 위험하게 느껴지고 불안한 생각이 든다면 그 이유는 무엇인가요?

Q5. 지금껏 자기주장을 적극적으로 못 했지만, 만약 앞으로 좀 더 적극적으로 자기주장을 펼 수 있게 된다면 내 삶은 어떻게 변할 것 같나요? 전보다 더 나아질까요, 아니면 나빠질까요?

자기주장의 이점

가스라이팅 피해자들에게는 자기주장 능력을 키워나가는 과정이 정말 힘겹고 어렵습니다. 그럴 때는 적극적인 태도에서 얻을 수 있는 잠재적 보상을 생각하면 힘이 됩니다. 적극적 자기주장을 하면 다음과 같은 좋은 보상이 따릅니다.

- 스트레스 감소
- 더 정직한 관계
- 타인으로부터의 존중
- 더 나은 의사소통 능력
- 삶 전반의 긍정적 변화
- 자신감 및 자존감 향상
- 자기 효능감 self-efficacy 향상
- 내 감정을 인식하고 이해하는 능력의 향상

자기주장을 잘 펼치는 법을 연습하면서 마음이 고되고 지친다면, 또 내가 굳이 이렇게까지 적극적인 사람이 되도록 노력해야 하는지 의문이 든다면 위의 이점들이 삶의 확신을 찾는 데 도움이 된다는 사실을 기억하세요.

나만의 문장 쓰기

자기주장의 핵심은 내게 원하는 바와 욕구를 표현할 권리가 있음을 깨닫는 것입니다. 종종 가스라이팅 피해자들은 자신의 감정을 표현하고 원하는 바를 요구하기 어려워합니다. 이는 결국 소극적 자기주장 태도로 이어지며 종국엔 자존감 훼손을 일으키죠.

이번에는 명확하고 직접적인 '나만의 문장 I-statement'을 이용해 원하는 바와 욕구를 표현하는 연습을 해보죠. 간접적 요청을 보다 직접적으로 바꿔보는 것입니다. 남에게 무언가를 요구하는 건 절대 이기적인 것이 아니라는 걸 기억하면서 여러분이 쓰던 간접적 표현을 찾아 직접적 표현으로 바꿔보세요.

간접적인 표현	직접적인 나만의 문장
"네가 나한테 조금만 더 친절히 대해준다면 정말 좋을 텐데."	"나를 부를 때 별명 말고 진짜 내 이름을 불러줬음 좋겠어."

자기주장을 가로막는 것들

사실 가스라이팅 피해를 입지 않은 분들이라도 특정 상황에서 자기주장을 내세우기 어려운 적이 있을 것입니다. 어린아이를 대신해 목소리를 높이는 건 편해도 나의 잘못을 옹호하기 위해 목소리를 높이는 건 왠지 익숙지 않죠. 또 동물을 학대하는 사람을 나무랄 수는 있지만 상사에게 휴가 승인을 요구할 때는 괜히 무릎이 후들거리기도 합니다. 확신에 차 행동할 수 있는 상황과 그러지 못하는 상황은 무엇이 다른 걸까요?

잘 안 보이지만 자기주장을 가로막는 가장 큰 걸림돌은 자신에 대한 무의식적 믿음입니다. 우리는 알게 모르게 내가 어떤 상황에서 우위에 있는지 아닌지를 생각하고, 나의 주장이 이기적인지 이타적인지를 생각하거든요.

다음 질문들은 여러분의 자기주장을 가로막고 있을 수도 있는, 여러분 안의 무의식적 믿음을 확인합니다. 정말 나를 망설이게 하는 것은 소극적인 내 성격일까요, 아니면 알게 모르게 심어진 믿음 때문일까요?

**자기주장을
막는 장벽
파악하기**

Q1. 적극적으로 자기주장을 펼쳤던 기억이 있나요? 어떤 일이 있었고, 당시의 생각과 감정은 어땠는지 써보세요.

Q2. 반면 적극적으로 자기주장을 하고 싶었지만 그럴 수 없었던 때를 떠올려보세요. 어떤 일이 있었고, 당시의 생각과 감정은 어땠는지 써보세요.

Q3. 위 두 상황에는 어떤 차이가 있나요?

친절하고 싶은 욕구 버리기

친절함은 누군가 자기주장을 펼치려고 할 때 그의 표현을 억제하고 통제하는 효과적인 수단으로 사용되어왔습니다. 여러분도 자기주장을 펼치려는데 상대가 '조금 더 친절하게 말해도 되잖아'라고 막았던 적이 있을 거예요. 그러면 순간 내가 난폭하게 말하는 나쁜 사람이 되어버려서 입을 다물게 돼죠.

우리는 사회로부터 친절해야 한다는 가스라이팅 시그널을 받습니다. 여성의 경우, 착하고 쾌활하며 공감 능력이 있고 협조도 잘할 거라는 사회적 기대를 받죠. 자기주장을 적극적으로 하는 모습은 이러한 기대와 반대되어 보입니다. 뿐만 아니라 성 소수자, 장애인 등 소수집단들은 더욱더 자신들의 자기주장이 너무 공격적으로 보이지 않도록 부당한 억압을 당합니다.

이런 강요된 친절은 우리가 진짜 감정을 숨기고 정말 원하는 것을 말할 수 없게 만듭니다. 타인에 의한 친절은 진실과 정직을 희생시키는 가스라이팅 시그널인 셈입니다.

그래서 우리는 내가 원해서 친절해지는 것과 친절해 보이고 싶어서 참는 것을 구분해야 합니다. 또 누군가 친절함을 요구하는 바람에 자기주장을 숨기는 순간들을 깨달아야 하죠. 이를 위한 연습을 한번 해봅시다. 친절함으로 가장한, 친절하고 싶은 욕구를 보여주는 상황입니다. 이에 적극적 자기주장으로 반박해보세요.

상황

직장에서 다소 수준 낮은 농담을 자주 하는 상사가 있습니다. 여러분은 그가 팀 분위기를 망치고 있다는 걸 알지만, 그걸 굳이 지적하지 않는 게 낫다고 판단합니다. 왜냐하면 나쁜 의도가 없는 농담에 정색하고 지적하는 건 친절한 태도가 아니라고 생각하기 때문입니다.

반박하기

상황

함께 프로젝트를 진행하는 동료가 자신의 업무를 다 못 끝냈음에도 몸이 아프다거나 집에 문제가 생겼다는 등의 이유를 들어 대신 일을 해달라고 합니다. 여러분 역시 할 일이 태산이라 도와주기가 버겁습니다. 하지만 그냥 도와주기로 합니다. 왜냐하면 안쓰러운 상황에 처한 동료를 외면하는 건 친절한 태도가 아니라고 생각하기 때문입니다.

반박하기

남 눈치 보는 사람의 두려움

소극적이고 수동적인 사람들은 종종 자기주장이 이기적이거나 공격적으로 비춰질까 두려워합니다. 그래서 저도 모르게 비위를 맞추게 되죠. 자신의 욕구보다 남의 눈치를 먼저 보는 사람들에게는 다른 사람이 나 때문에 화나는 것이 세상에서 가장 두려운 결말입니다.

그런데 누군가를 화나게 만드는 것이 정말 그렇게도 나쁜 행동일까요? 물론 가만히 있는 사람을 굳이 긁어서 기분을 상하게 할 필요는 없어요. 하지만 여러분이 원하는 바를 억누르거나 자신의 이익만 따지는 사람을 만났다면 그의 기분을 상하게 한다 하더라도 자기주장을 적극적으로 펼쳐야 합니다.

남 눈치 보는 성향에서 벗어나는 연습을 해볼까요? 이 연습은 내적 가족 체계Internal Family Systems라고 불리는 치료 모델에 사용된 기술을 차용한 것으로, 남 눈치를 보게 되는 근본적 두려움을 자세히 살펴보게 해줍니다.

연속되는 질문에는 정직한 태도로, 빈정대지 말고 과장되지 않은 답을 해야 합니다. 내면의 두려움을 잘 살피며 3장에서 살펴봤던 자기 연민의 감정도 담아보면 좋습니다. 두려움들을 확인했다면 계속해서 그 두려움을 일으키는 근본 원인을 파고들어, 그게 실은 아무것도 아니라고 외쳐봅시다.

**눈치 보게
만드는
두려움의 실체**

Q1. 다른 사람을 화나게 하는 것이 두려워 자기주장을 참았던 상황이 있나요? 어떤 일들이 벌어질까 봐 두려웠나요?

예) 머리를 자르고 싶었지만 엄마가 화낼까 봐 자르지 않았다. 엄마에게 말하지 않고 머리를 잘랐다간 엄마가 매우 화내실 게 분명했다. 엄마는 여자애는 짧은 머리를 하면 안 된다고 말씀하셨기 때문이다.

Q2. 두려운 일들을 상상했을 때 나의 감정은 구체적으로 어땠나요?

예) 나는 엄마가 화를 내면 심장이 터질 것처럼 무섭다. 또 엄마가 나에게 실망할까 걱정되었다.

Q3. 떠오른 여러 상상 중 가장 두려움을 일으킨 것은 무엇인가요?

예) 내게 실망한 엄마가 결국엔 나를 사랑하지 않게 되는 것이다.

Q4. 그 두려움을 걷어찰 수 있는 자기 연민의 말을 스스로에게 해보세요.

예) 머리를 자른다고 엄마가 나를 사랑하지 않을 리는 없다. 머리를 자르고 싶은 내 마음을 정확히 말하고 대화하면 된다. 설령 엄마가 계속 반대해도, 그게 뭐 어떤가? 나중에 또 기회가 있을 것이다!

"나에겐 내가 친절하고 싶을 때,
친절할 권리가 있다."

의사소통 방식의 전환

의사소통은 일반적으로 수동적 성향, 공격적 성향, 수동적 공격 성향, 적극적 성향의 네 범주로 분류됩니다. 의사소통 방식은 다른 사람이 나를 인식하는 데, 그리고 내가 인간관계 안에서 어떤 행동을 할지 결정하는 데 중요한 영향을 미칩니다. 각 의사소통 성향의 특징은 다음과 같습니다.

첫째, 수동적 성향은 자신을 내세우지 않고 뒤로 물러나 있거나 회피하고 자신감이 부족한 의사소통 방식입니다. 다른 사람에게 피해를 당하고도 가만히 있거나 때론 복종을 하기도 하죠. 가스라이팅 피해자의 대부분은 수동적 성향의 의사소통을 합니다.

둘째, 공격적 성향은 강압적이고 직접적이며 무뚝뚝하고 통제성을 띠는 의사소통입니다. 감정이입이 결여된 공격적 언어를 사용하여 상대에게 상처를 입히는 '잔인한 정직함'이 특징이죠. 꼭 그런 건 아니지만 공격적 성향에 속하는 사람들이 가스라이터인 경우가 많습니다.

셋째, 수동적 공격 성향은 간접적이고 조작적이며 은밀하고 감정적으로 부정직한 의사소통입니다. 한 가지 감정을 표현하더라도 행동과 태도는 여러 개로 나타나는 특징이 있습니다. 수동적 공격 성향의 의사소통은 듣는 이에게 혼란과 죄책감, 좌절감을 불러일으키며 심한 경우 스스로 희생자가 되기를 자처하는 순교자 콤플렉스martyr complex를 유발하기도 합니다. 자기애성 성격 장애나 경계선 성격 장애인 사람들은 주로 수동적 공격 성향의 의사소통을 합니다.

넷째, 적극적 성향은 정직하고 직접적이며 사려 깊고 자신감이 넘치는 의사소통입니다. 개방적이고 확고하며 책임감 있는 본인을 표현하는 의사소통 방식이죠. 적극적 성향의 의사소통을 하는 사람은 자신의 정직함이 잔인한 정직함으로 발전되지 않도록 상대의 감정에 공감하려 합니다. 기꺼이 타협에 응하고 조작에 관한 스스로의 판단을 신뢰하는 것도 특징입니다.

나의 의사소통 방식 찾아보기

적극적인 자기주장은 인간적이고 존중하는 마음으로 내가 대우받을 권리를 구체화하는 의사소통의 방식입니다. 다음 표에는 네 가지의 서로 다른 의사소통 방식이 요약되어 있습니다. 평소 자신의 의사소통 상황을 떠올리며 체크해보세요. 여러분의 의사소통 방식은 어떤 유형인가요?

체크리스트

수동적 성향	공격적 성향
☐ 뚜렷한 감정 변화를 겪어도 이를 표현하지 않으려 하거나 억제한다(감정적 부정직함).	☐ 다른 사람의 감정을 고려하지 않고 언제나 자기 기준에서 솔직하게 말한다(잔인한 정직함).
☐ 어떤 말이든 직접적으로 전하기보단 힌트를 주거나 암시한다.	☐ 다른 사람을 희생하게 하여 자신을 홍보하는 편이다.
☐ 자기부정적 표현을 많이 사용한다.	☐ 공격적이라는 평가를 듣는다.
☐ 남 탓하는 말을 많이 한다.	☐ 남 탓하는 말을 많이 한다.
☐ 세상을 원망스러워한다.	☐ 의견이 관철되지 않으면 수치스러워한다.
☐ 말을 시작하거나 끝맺을 때 미안하다는 말을 덧붙인다.	☐ 상황을 지배하려고 나선다.
☐ 사람이나 주변의 평판 등 무언가를 상실하게 될까 봐 입을 다문 적이 많다.	☐ 개인적 이익을 위해 다른 사람을 의도적으로 무시한다.
☐ "난 어차피 항상 지니까."	☐ "난 항상 이겨야 해."

수동적 공격 성향	적극적 성향
☐ 말과 행동이 일치하지 않는다(정서적 부정직함).	☐ 남을 상처 주지 않으면서 스스로에게 정직하다.
☐ 말할 때 결말을 남에게 떠넘기거나 회피적이다.	☐ 확고하고 직접적으로 말한다.
☐ 자신을 부정하면서도 종국엔 자기 옹호로 말을 끝맺는다.	☐ 자신과 상대를 존중하며 대화한다.
☐ 남에게 규정 준수를 강요하며 죄책감을 유발한다.	☐ 다른 사람의 입장에 공감하려 한다.
☐ 다른 사람을 희생하여 자신을 홍보한다.	☐ 생각, 감정, 욕구를 공개적으로 표현한다.
☐ 어떤 일에든 비난하는 경향이 있다.	☐ 거만함 없이 당당하다.
☐ 두려운 상황이나 의무에 직면했을 때 자기주장을 일시적으로 보류한다.	☐ 상대의 의견을 충분히 듣고 그것이 합당하다면 타협할 의향이 있다.
☐ "아무도 내가 이기도록 놔두질 않아. 그런데 그건 그들의 잘못이야."	☐ "우리는 경쟁할 필요가 없어."

다양한 의사소통 방식 연습하기

누구라도 화가 날 수밖에 없는 상황을 드릴게요. 이때 네 가지 의사소통 방식에 해당하는 대사를 적어보세요. 대사는 '나라면 이렇게 말했을 것이다'가 아니라 최대한 각 의사소통 방식에 맞게 써야 합니다. 대사를 다 쓰고 나서는 소리 내어 읽어보세요. 어떤 의사소통 방식이 자존감을 회복하는 데 더 좋은 것 같나요?

상황 : 동생이 나에게 물어보지도 않고 내 차를 끌고 나가서는 결국 앞 범퍼 한쪽이 찌그러진 상태로 돌아왔다. 하지만 동생은 미안하다는 말조차 하지를 않는데…!

수동적 성향	공격적 성향

수동적 공격 성향	적극적 성향

반사적 경청

반사적 경청reflective listening이란 상대의 고민을 들어주는, 또 다른 적극적 의사소통의 일환입니다. 반사적 경청을 연습하기 위해서는 상대의 말을 주의 깊게 들어야 하죠. 그리고 나서 내가 말할 차례가 되면 차분하게 들은 것을 다시 말해봅니다. 이때 상대의 생각이나 감정을 내가 충분히 이해했음을 나타내기 위해 정확한 표현을 사용해야 합니다.

반사적 경청은 대화가 잘 이루어지게 하는 데도 도움이 되지만, 상대가 내게 무슨 말을 했고 그 의도가 무엇인지를 복기하게 해주어 내가 가스라이팅을 당하고 있는지 확인하는 데도 도움이 됩니다.

상황을 환기하는 문구 반복하기

가스라이팅을 당할 때, 피해자는 저도 모르게 자신에 관해 지나치게 설명하게 됩니다. 가스라이터에게 내가 너로 인해 이런 생각을 하고 있고 너와 함께한 일들을 정확히 기억하고 있다고 확신을 주고자 하죠. 이 역시 가스라이터가 교묘히 조종한 결과입니다. 하지만 아무리 피해자가 확신을 준다고 해도, 어차피 가스라이터는 피해자가 틀렸다고 믿게 만들려 하기 때문에 의미가 없어요.

누군가에게 확신을 주고 싶은 유혹이 강하게 든다면 그것은 자존감이 많이 상한 상태임을 뜻합니다. 이때 가장 효과적인 전략은 현재 상황을 환기할 수 있는 짧은 문구를 반복해 사용하는 것입니다. 그러면 상황을 객관적으로 바라보게 되고 나의 생각을 상대에게 맞추지 않을 수 있습니다. 상황을 환기하는 문구에는 첫째로 상대의 입장을 인정하는 말과 둘째로 그에 관한 나의 대답이 반드시 포함되어야 합니다.

  다음의 예시에서 상황을 환기하는 문구를 찾아보세요. 그리고 이를 잘 배워두었다가, 누군가의 말에 끌려가는 느낌이 든다면 여러분도 상황을 환기하는 문구를 사용해보세요.

에리카의 상황 환기 문구	**후안** : 나 오늘 밤 빌의 집에 갈 거야. 축구 경기 보러. 그러니 애들 좀 보고 있어.

에리카 : 오늘 밤에 내가 아이들을 돌봐주었으면 하는 네 마음은 알겠는데, 나는 일주일 전에 오늘 밤 나갈 일이 있다고 말했어. 아이들을 봐줄 사람을 따로 찾아봐야 할 것 같아.

후안 : 넌 정말 이기적이구나. 세상에 어떤 엄마가 자기 애들을 밤에 두고 나가?

에리카 : 다른 사람이 아닌 엄마인 내가 아이들을 돌봐주었으면 하는 건 알겠는데, 나도 오래전에 잡은 약속이야.

후안 : 내가 지금 무슨 말을 듣고 있는 건지 믿기지가 않네. 도대체 왜 그러는 거야? 어떻게 가정에 그렇게 소홀해?

에리카 : 내가 가정에 소홀하게 보인다는 건 알겠지만, 그래도 난 외출을 취소할 생각이 없어. 네 약속도 중요하지만 내 약속 역시 중요해. 줄리에게 오늘 밤만 아이들을 봐달라고 부탁할게. 난 지금 나가야 해. 집에 돌아오기 전에 메시지 보낼게.

Q. 에리카가 상황을 환기하기 위해 반복한 문장들을 찾아보세요.

실행 가능한 절충안 찾기

자기주장을 한다는 건 항상 자기 뜻대로 해야 한다는 의미가 아닙니다. 모든 사람의 요구와 염려를 고려하고 존중하는 태도가 반드시 포함되어야 하죠. 그리고 대화의 결과는 대립점에 선 두 입장 사이에서 실행 가능한 타협점을 도출하는 것이어야 합니다.

실행 가능한 절충안을 찾으려면 앞서 연습한 반사적 경청을 통해 상충하는 요구를 파악해야 합니다. 그다음, 상대의 요구뿐만 아니라 내 요구도 배려받을 수 있는 대안을 만들어야 합니다.

주의할 점은, 가스라이팅을 당하고 있는 상태에서 가스라이터가 나를 화나게 만들려는 의도를 숨기고 있다면 보통 때보다 조금 더 나의 요구를 확고히 주장해야 한다는 점입니다. 진정으로 실행 가능한 절충안을 모색하려면 둘의 관계에서 최소한의 상호 존중과 균형이 전제되어야 하기 때문이죠. 그러나 가스라이팅 상태에서는 가해자 쪽의 목소리가 더욱 강합니다.

실행 가능한 절충안을 찾는 연습은 상대의 요구를 인정하면서도 여러분이 압박당하는 느낌이 들지 않는 의사소통 능력을 키워줍니다. 다음의 연습 상황에 실행 가능한 절충안을 답해보세요.

**실행 가능한
절충안 퀴즈**

카라 : 이번 프로젝트의 프레젠테이션 자료 수정에 관해 저와 이야기를 나누고 싶다고 들었습니다. 그런데 제가 지금 당장 하고 있는 업무가 급해서요. 오늘 오후 5시 반 정도면 제대로 이야기를 나눌 수 있을 것 같습니다. 그때 이야기해볼 수 있을까요?

에릭 : 저는 오늘 퇴근 시간 전까지 프레젠테이션 자료를 수정해야 합니다. 내일부터 새로운 프로젝트에 투입되거든요. 못해도 오후 3시부터는 이야기를 나눠야 6시 전에 자료 수정이 끝납니다. 그때 이야기하는 건 어떨까요?

Q1. 카라와 에릭의 요구는 각각 어떻게 되고, 어느 부분에서 상충하나요?

Q2. 여러분이 생각하기에 카라와 에릭 모두 요구를 존중받을 수 있는 실행 가능한 절충안은 무엇인가요?

**4장을
마무리하며**

Q1. 어떤 문제가 가장 마음에 와닿았나요?

Q2. 어떤 문제가 가장 마음에 와닿지 않았나요?

Q3. 4장을 끝낸 지금, 기분이 어떤가요? 4장을 읽기 전과 후의 기분 변화를 써보세요.

Q4. 4장의 연습 문제들을 통해 무엇을 얻었나요?

5장
3단계 : 경계 설정

죄책감 없이 싫다고 말하기

5장에서는 현재와 미래에 내가 맺을 관계에서 경계를 설정하는 법을 연습합니다. 가스라이팅 치료에 있어 관계의 성장과 발전을 위해서는 강하고 건강한 경계가 반드시 필요합니다.

그래서 나에게 적합한 경계를 분별해내고 설정하는 데 도움이 되는 연습 문제들을 보여드립니다. 물론 경계란 무엇인지, 그게 우리 삶에 어떤 의미가 있는지 살펴보기도 할 거예요. 이를 통해 나만의 개인적 가치와 경계를 정하고 죄책감 없이 가스라이터에게 '싫다'고 말할 수 있게 될 것입니다.

많은 가스라이팅 피해자들이 경계 설정에 겁을 내거나 불편해합니다. 정상적인 반응이죠. 가스라이터는 지속적으로 피해자가 화나 적대감을 느끼지 않게끔 조종해왔으니까요. 통제자를 거스르는 경계 설정 행위는 이에 전면적으로 위배됩니다. 뿐만 아니라 경계를 설정한다고 가스라이터들이 바뀐다고 보장할 순 없어요. 하지만 경계가 있어야 무엇을 받아들이고 참을지, 어떤 관계를 용인하고 어떤 관계를 끊을지, 나의 한계점을 어디로 설정할지가 확실해지며 비로소 가스라이팅이 남긴 상처가 치유됩니다.

경계는 나에게 주는 권한입니다. 이를 마음껏 사용해보세요.

경계에 대하여

경계는 한 사람, 장소, 사물을 다른 사람, 다른 장소, 다른 사물과 구분하는 것입니다. 우리는 살면서 물질적 재산이나 물리적 공간, 정신적이고 정서적인 관계와 성적 행위, 사회화 등 다양한 영역에서 나만의 경계를 만들고 다루는 법을 배우죠.

그러나 명확한 나만의 경계를 짓기 어려울 수도 있습니다. 그 이유는 우리 사회에 경계에 관한 근거 없는 믿음들이 떠다니기 때문입니다. 지금부터 경계에 대한 근거 없는 믿음 3가지를 살펴보고 그 진실을 파헤쳐보겠습니다.

근거 없는 믿음1 경계를 설정하면 다른 사람의 문제 행동을 고칠 수 있다?
➡ 아니다! 경계 설정은 나의 행동과 선택을 정의한다

경계는 다른 사람에게 내가 누구이며 내게 무엇이 괜찮고 무엇이 괜찮지 않은지를 알리는 시그널입니다. 나의 사적 공간을 정하고 나를 화나게 하는 행동을 멈춰달라고 표현할 때 그 기준이 되어주죠. 주의할 것은, 내가 경계를 설정한다고 다른 사람의 행동을 바꿀 수 있는 건 아니라는 점입니다. 경계는 오로지 나 자신에 관한 것이니까요. 그러므로 다른 사람의 행동을 통제하려는 의도로 경계를 설정한다면 실망만 하게 될 거예요. 상대의 반응은 절대 나의 통제하에 있지 않습니다. 나의 행동과 선택만이 나의 통제 아래 존재할 뿐입니다.

근거 없는 믿음2 경계 설정은 다른 사람이 들어오지 못하게 벽을 세우는 것과 같다?
➡ 아니다! 경계는 필요에 따라 여닫을 수 있는 울타리에 가깝다

가스라이팅 관계에서 경계를 설정하려는 시도는 자칫 거절로 묘사될 수 있습니다. 가스라이터는 경계를 설정하려는 피해자에게 '왜 내게 담을 쌓느냐'며 핀잔을 줄 수도 있죠. 그러나 건강한 경계 설정은 거절이 아니라 오히려 다른 사람과 잘 이어지기 위한 사려 깊은 선택입니다. 게다가 경계는 존중과 염려, 공감과 사랑으로 가득한 관계에서는 언제든 느슨해질 수 있는 유연성도 있습니다.

근거 없는 믿음3 경계 설정은 잔인하고 인색한 일이며 다른 이에게 상처를 준다?

➜ **아니다! 경계는 애정 어린 관계를 맺는 방법이다**

경계를 설정하면 어쩔 수 없이 '싫다'라는 말을 해야 합니다. 이는 가스라이팅 피해자들이 가장 어려워하는 말이죠. 특히나 내가 사랑하는 사람에게(혹은 사랑한다고 믿는 사람에게) 절대 싫다고 말할 수 없습니다. 가스라이터는 이 점을 악용하여 피해자에게 경계 설정은 잔인하고 인색한 일이라고 비난합니다. 경계 설정에 의한 거절과 부정, 자기주장은 사랑이 없는 행동이라고 은연중에 죄의식에 사로잡히게끔 세뇌하죠.

그러나 진정 애정 어린 관계는 서로를 강요하거나 압박하지 않습니다. 경계를 설정하고 적극적으로 자기주장을 하는 건 내가 원하는 것만 하겠다는 의도가 아니라 내가 당신을 존중하는 만큼 당신도 나를 존중해주길 기대한다는 의도입니다.

경계 설정의 영역

경계란 사전적인 의미로 '둘 사이의 선'입니다. 그렇다면 어떤 기준으로 이 선을 설정할까요? 관계에 있어 우리는 나의 개인적 가치를 명확히 함으로써 선을 긋습니다. 내가 무엇이 괜찮고 괜찮지 않은지, 세상 모든 대상에 대해 가치를 판단하면서 경계가 뚜렷해지죠.

인간관계에서 경계는 두 가지 본질을 지닙니다. 하나는 '내가 끝내는 지점-타인이 시작하는 지점'이고, 하나는 '내가 받아들일 수 있는 것-그럴 수 없는 것'입니다.

지금부터는 다양한 경계의 영역을 알아보고 경계 안에서 내가 설정한 가치를 분명히 표현하는 법을 연습해볼 거예요. 어떤 것이 정답인지를 찾는 과정이라기보단 내가 현재 나의 경계를 어디로 설정해두었는지, 그 경계는 정말 나의 성향에 따라 설정한 게 맞는지를 파악하는 과정이라고 보면 좋습니다.

물질적 경계

물질적 경계는 휴대폰이나 옷, 돈, 구두, 차, 전자 기기 등의 소유물과 관련이 있습니다. 내 물질적 재산 중 어떤 종류는 남에게 빌려줄 수 있어도 어떤 건 남에게 빌려줄 수 없죠. 또 빌려주더라도 막 써도 괜찮은 게 있는가 하면 조심히 다뤄주길 바라는 것도 있습니다. 뿐만 아니라 내 소유물을 망가뜨린 타인에 대하여 어떤 요구를 할 것인지에 대해서도 물질적 경계를 설정하여 관리하게 돼요.

다만, 물질적 경계는 상대가 나의 물질적 재산에 자유롭게 접근해도 된다고 기대하고 있고 그 방향으로 가스라이팅을 지속한다면 그 관계에서는 설정이 어려울 수 있습니다.

그렇다면 나는 평소 물질적 경계 설정을 어떻게 해왔는지 확인해볼까요?

**나의
물질적 경계**

Q1. 내 물건을 빌려주거나 나눠줄 때 기분이 편한가요, 아니면 편하지 않나요? 만약 불편하다면 어떤 물건을 어떤 조건에서 빌려줄 때 그런가요?

Q2. 이것만큼은 다른 사람에게 공유하거나 빌려주고 싶지 않다, 혹은 잃어버리고 싶지 않은 것이 있다면 무엇인가요?

Q3. 나의 소유물을 빌려주거나 공유해달라는 요구를 거절했을 때 어떤 기분을 느꼈나요?

물리적 경계

물리적 경계는 나의 신체와 사적 공간, 사생활과 관련이 있습니다. 다른 사람이 나만의 공간을 침범했을 때의 기분, 내 공간을 어디까지 허용할지의 여부, 내 공간을 넘어온 타인에게 불쾌함을 느꼈을 때 이를 처리하는 방법 등이 물리적 경계 설정에 포함되죠.

가스라이터는 사적 공간이나 사생활을 존중하지 않거나 신체적 접촉을 거절할 수 없는 관계를 강요하기 때문에 이 경우 물리적 경계에서 문제가 생기게 됩니다.

나의 물리적 경계

Q1. 가족, 연인, 친구, 동료와 평소 신체 접촉을 할 때 어느 정도까지 편하게 받아들이나요? 각 관계에서 내가 용인할 수 있는 신체 접촉 수준은 어디까지인가요?

Q2. 다음의 상황에서 여러분은 어디까지 용인할 수 있나요?

- 가족들과 있을 때 옷을 갈아입는 상황이라면 가족이 있어도 편히 옷을 갈아입나요, 아니면 다른 방으로 들어가나요?
- 아기에게 모유를 먹이려는데 동성 친구가 함께 있는 상황이라면 등을 돌리는 정도로도 괜찮나요, 아니면 나가주길 바라나요?
- 화장실에서 볼일을 보는데 어른이 문 사이로 이야기를 거는 상황이라면 대화에 응하나요, 잠시 기다려주거나 멀리 가주길 바라나요?

Q3. 나의 사적 공간과 사생활을 침해받았다고 느낀 적이 있나요? 그때 기분은 어땠나요?

정신적 경계

정신적 경계는 다른 사람의 생각과는 별개로, 나만의 생각과 의견을 갖는 것입니다. 또한 특정 상황에 대한 감정적, 정서적 반응을 가리키기도 하죠.

정신적 경계 설정이 어려운 경우는 여러분의 독립성이 가치가 없다고 가스라이팅하는 사람과 관계를 맺을 때입니다.

**나의
정신적 경계**

Q1. 주변 사람들과 다르더라도, 나의 생각과 의견을 표현하는 것이 중요하다고 생각하나요?

Q2. 주변 사람과 내가 느끼는 감정적 경험이 다르더라도 나 자신만의 감정을 갖는 것이 중요하다고 생각하나요?

Q3. 다른 사람이 나에게 자신과 똑같이 생각하고 느끼도록 압박할 때 어떻게 반응하고 싶나요?

Q4. 정신적 경계는 가스라이터가 내게 죄책감을 심어주거나 과민 반응을 통해 책임감을 심어줄 때 난관에 부딪힐 수 있습니다. 이렇게 나의 정신적 경계를 압박한 사람이 있었나요?

Q5. 만일 **Q4**에 그런 경험이 있다고 답했다면, 이제 그 가해자에게 어떻게 대응하고 싶나요?

성적 경계

 성적 경계는 성적 표현과 활동, 기타 여러 성적 측면에서 내가 불편함을 느끼지 않는 범위입니다. 연인 관계뿐 아니라 여러 관계에서 내가 성적 접촉에 관심 혹은 무관심을 느끼고 이를 동의하느냐의 가치 평가를 포함하죠.

 성적 관계를 맺고 싶지 않은데도 강압적으로 요구하거나 내가 성적 파트너로서 동의했지만 이후 사려 깊은 태도를 보이지 않으며 나의 신체적 자율성을 존중하지 않는 상대에게 가스라이팅을 당하면, 성적 경계가 무너지기 쉬우므로 주의가 필요합니다.

나의 성적 경계	
Q1.	나의 성적 기준은 어디까지인가요? 어떤 상대에게 어느 선까지 성적 관계를 인정하는 게 맞다고 생각하는지 적어보세요.
Q2.	불편하게 느끼거나 잘못되었다고 생각되는 성적 표현 또는 성적 관계에는 어떤 것들이 있나요(지배-복종을 합의한 성적 관계, 일부다처 관계, 하룻밤 상대, 기혼 상대 등)?
Q3.	나의 성적 경계를 침범당했을 때 상대에게 어떻게 말할 것 같나요?

사회적 경계

　사회적 경계에는 사회에서 만난 사람들과의 관계뿐 아니라 온라인에서 만난 사람과의 관계도 포함됩니다. 내가 마음 편히 참여할 수 있는 활동과 하고자 하는 온라인 활동 유형, 온라인의 정보 공개 범위 등을 설정하는 것이 사회적 경계죠. 또 직장이나 학교에서 시간을 보내는 방법 역시 사회적 경계의 한 측면입니다.
　원치 않는 사회 활동으로 스트레스를 받고 있다면, 그게 나의 자기계발이 아닌 타인을 돕는 일이라면 사회적 경계를 잘 살펴봐야 합니다.

**나의
사회적 경계**

Q1. 사람이라면 반드시 사회 활동을 하나쯤은 해야 한다고 생각하나요?

Q2. 혼자만의 시간을 통해 재충전을 하는 타입인가요, 아니면 다른 사람과 함께 있을 때 힘을 얻나요?

Q3. 직장, 학교, 동아리, 취미 모임, SNS 등 사회 활동 중에서 편한 것과 불편한 것은 각각 어떤 것이 있나요?

Q4. 사용 중인 SNS에는 무엇이 있나요? 그 SNS를 사용하는 시간은 하루 중 얼마나 되고, 주로 올리는 콘텐츠는 무엇인가요?

시간적 경계

시간적 경계에는 다른 사람이나 일, 작업 등에 기꺼이 쓰는 시간의 양을 정하고, 어떤 일을 할지 말지, 한다면 언제 할지 그 시기를 정하는 일들이 포함됩니다.

자신의 이익을 위해서 남의 시간을 빼앗거나 마음대로 간섭하는 가스라이터를 만나면 나도 모르게 침해당하기 쉬운 경계이기도 합니다.

**나의
시간적 경계**

Q1. 시간을 내달라고 하는 사람들에게 대체로 어떻게 반응하나요?

Q2. 시간을 철저히 계획하는 게 편한가요, 아니면 융통성 있게 스케줄을 잡는 것이 더 편한가요? 그 이유는 무엇인가요?

Q3. 나의 시간을 침범해도 되는 사람이 있다고 생각하나요? 있다면 왜 그는 나의 시간을 침범해도 된다고 생각하나요?

경계 설정을 위한
4가지 질문

누군가 나의 경계 안으로 넘어오고 싶다고 요구한다면, 일단 그 요청이 내 경계 가치에 적합한지 판단해야 합니다. 이를 위해 먼저 스스로에게 해볼 수 있는 질문 4가지를 소개합니다.

Q1 상대가 요구하는 것들은 무엇인가요?

상대가 나의 경계들 중 어느 영역을 시험하고 있는지, 내 경계에 어떤 의문을 제기하고 있는지, 상대의 요구 중 나의 가치에 부합하는 것과 부합하지 않는 것들은 무엇인지 살펴보세요.

Q2 상대의 행동이 나의 가치관에 부합하나요?

여기서 행동에는 직접적인 움직임 외에도 언어적인 것, 특정 행동을 거부하는 것 등이 포함됩니다. 상대가 보인 이러한 행동과 행동의 결여는 나의 가치에 부합하는지 살펴보세요.

Q3 요구를 받았을 때 어떠한 기분이 들었나요?

상대의 요구를 열린 마음으로 감사하게 받아들일 수 있었는지, 혹시 죄책감이나 원망이 들지는 않았는지 나의 감정에 집중해봅니다.

Q4 상대의 요구에 '좋다' 또는 '싫다'라고 솔직하게 말할 수 있나요?

내가 느낀 바 대로 본능적으로 대답했는지를 살펴봅니다. '싫다'라고 하고 싶은데 '좋다'라고 말하도록 압박을 받았다든가, 충분히 생각할 시간을 가지지 못한 건 아닌지를 파악해야 합니다.

경계 설정을 위한
4가지 기본 규칙

규칙1 내 경계 가치를 명확하고 분명히 표현하세요

나의 경계는 명확하고 분명히 말할 수 있어야 합니다. '넌 비열해'라고 말하는 것보다 '나를 이용해 심한 농담을 하는 건 비열한 행동이야'라고 문제가 되는 행동을 정확하게 표현하세요.

규칙2 문제가 되는 부분을 구체적으로 말하세요

'넌 항상 이래'처럼 상대의 문제를 광범위하게 전달하면 상대는 제대로 인식하지 못합니다. '내 앞에 있는 문을 주먹으로 쳐놓고도 폭력을 쓰지 않았다고 거짓말하고 있어'와 같이 상대가 내 경계를 침범한 특정 행동과 상황을 구체적으로 말해야 합니다.

규칙3 나만의 언어를 사용하세요

경계는 나 자신에 관한 것이므로 나의 언어를 사용해야 합니다. 남이 대신 경계를 설정해줄 수 없으며 경계가 침범당한 것을 알아챌 수 있는 것 역시 나뿐입니다. 따라서 경계에 대해 가장 정확히 말하려면 내 언어로 말해야 합니다.

규칙4 지속 가능한 결과를 설정하세요

경계에는 설정한 내용이 무시될 경우의 결과도 포함해야 합니다. 누군가가 내 경계를 존중하지 않을 때를 대비해 지속 가능한 결과를 준비하세요. '내 물건을 함부로 쓰지 말아줘'라는 말 대신 '그러지 말라고 했는데도 또 내 물건을 함부로 쓴다면 내 방에 들어오지 못하게 하겠어'라고 하는 것입니다.

경계 수준의 유형

누구나 모든 영역에 걸쳐 경계를 설정합니다. 그러나 저마다 경계의 수준이 다를 수는 있어요. 경계의 수준은 약한 경계, 엄격한 경계, 건강한 경계로 분류할 수 있습니다.

약한 경계
- 모든 상황에 좋다고 말한다(심지어 나쁜 상황에도).
- 요구에 거절을 잘 못 하게 된다.
- 위해로부터 자신을 보호할 수 없는 때가 있다.

엄격한 경계
- 모든 상황에 싫다고 말한다(심지어 좋은 상황에도).
- 세상과 단절되어도 괜찮다고 생각한다.

- 애정 관계를 잘 받아들일 수 없다.

건강한 경계
- 좋은 것은 받아들이기로 한다.
- 좋지 않은 것은 받아들이지 않기로 한다.

인간관계는 복잡하기 때문에 우리는 각 관계마다 경계 수준이 다 다르게 나타나기도 합니다. 자녀와는 약한 경계에 있으면서 배우자에게는 엄격한 경계를 둘 수 있어요. 또 동료와의 경계는 약해도 가족과의 관계에선 건강한 경계를 두기도 합니다.

여러분은 어떠한가요? 가족, 연인, 친구, 동료에 따라 나의 경계 수준은 어떻게 다른지 잘 생각해보세요.

경계 죄책감 벗어나기

가스라이터들은 경계를 무척이나 싫어합니다. 가스라이팅을 하고 싶은 대상이 경계를 뚜렷이 설정하면 가스라이팅을 하기가 어려워지니까요. 그래서 피해자의 경계 설정을 약하게 만들기 위해 쓰는 무기가 있습니다. 바로 '죄책감'입니다.

가스라이터들은 지속적으로 죄책감의 메시지를 보냅니다. 너의 경계로 인해 내가 분노, 슬픔, 원망, 상처, 두려움 등 느꼈다고 하여 피해자를 수동적으로 만듭니다. 그렇게 피해자가 세운 경계는 무너지게 되죠. 심지어 가스라이팅 치료를 한 후라도 죄책감의 메시지를 지속적으로 받으면 다시 수동적이던 모습으로 돌아가기 쉽습니다.

그러나 죄책감의 가면 뒤에 숨겨진 진짜 얼굴을 알게 되면, 여러분은 강력한 의문에 휩싸일 것입니다. 이 죄책감이 나에게서 비롯된 것인지, 아니면 가스라이터에게서 비롯된 것인지를 말이죠.

빙고게임

나의 죄책감 정도 알아보기

가스라이팅을 오랫동안 당한 사람은 심한 죄책감으로 고통스러워합니다. 근거 없는 이야기를 맹신하여 자신이 이기적이고 가혹한 데다가 타인과 잘 어울리지 못한다고 오해하죠. 이를 깨닫는 것은 가스라이팅에서 벗어나는 데 있어 가장 중요합니다.

다음 빙고판에는 자신을 제대로 이해하고 올바른 관계를 설정하는 데 방해가 되는 잘못된 죄책감들이 적혀 있습니다. 친구와 함께 빙고를 하며 누가 가스라이팅으로 인한 죄책감에 시달리고 있는지 확인해봅시다.

※게임 방법
❶ 플레이어1의 차례. 플레이어1은 나에게 가장 와닿지 않는 문장을 고르며 X를 표시한다.
❷ 플레이어2는 ❶에서 플레이어1이 고른 문장이 와닿는다면 O를, 아니면 X를 표시한다.
❸ 이어 이번에는 플레이어2가 가장 와닿지 않는 문장을 고르며 X를 표시한다. 플레이어1은 ❷와 같이 와닿으면 O를, 아니면 X를 표시한다. 플레이어가 여럿일 경우 순서대로 돌아가며 진행한다.
❹ 한 플레이어가 먼저 O를 연달아 표시한 줄 하나가 나올 때까지 위 과정을 반복한다.
❺ 한 줄을 먼저 완성한 플레이어는 다른 플레이어에 비해 죄책감의 정도가 심한 것으로, 지금까지 가스라이팅을 당했던 적이 없었는지 체크해볼 필요가 있다.

'싫다'고 단언하는 것은 좋지 못하다.	내가 나 자신을 챙기면 다른 사람들과의 협력은 잘 이루어지지 않는다.	쾌활한 모습을 보이지 않으면 아무도 나를 좋아하지 않을 것이다.	만일 누군가를 사랑한다면 그를 위해 무엇이든 해야 한다.	나를 먼저 생각하는 것은 이기적이다.
누군가 필요한 것이 생기면 기분이 평온하지 않다.	다른 사람의 감정을 상하게 하고 싶지 않다.	다른 사람의 욕구가 나 자신의 욕구보다 중요하다.	다른 사람을 돕지 않으면 냉정하고 비정한 사람이다.	상사에게 뚜렷한 의사 표현을 했다가는 보복당할 것이다.
나를 자신의 전부라 말하는 사람이 있다면 나 역시 그가 내 전부여야 한다.	무언가를 원하는 것은 나쁜 일이다. 나는 내가 가진 것에 감사해야 한다.	굳이 거절을 해서 다른 이의 삶을 힘들게 하고 싶지 않다.	나는 정말 원하지 않아도 친구들이 원할 땐 '좋다'고 한다.	내 욕구가 남에게 부담이 되지 않길 바란다.
경계를 설정했을 때 주변에서 화를 낸다면, 이는 내가 잘못된 것이다.	무슨 일이 있어도 가족에게 '싫다'고 말하지 않는다.	부모는 자기 시간을 가져선 안 된다.	친구에게 돈을 빌려주고 싶지 않아도 거절하지 못한 적이 있다.	내 욕구를 먼저 충족시키는 것은 자기애적 행동이다.
내 요구 사항을 관철하는 것은 다른 이에게 공평하지 않다.	너무 많은 빚을 지고 있어 차마 '싫다'고 말할 수 없는 존재가 있다.	나는 너무 엄격한 편이므로 좀 유연해져야 할 것 같다.	나는 평소 다른 사람에게 벽을 치고 있는 것 같다.	타협하지 않는다면 악인과 다를 것이 없다.

접촉 정도 조절하기

가스라이터의 죄책감 메시지로부터 멀어지기 위해 상대와의 접촉을 줄이는 방법을 쓸 수 있습니다. 가해자와 함께하는 시간을 제한하여 죄책감 메시지로부터 벗어나는 것이죠. 접촉 정도를 낮추면 사회적 의미의 연결을 생략해야 하는데, 그게 어려울 때도 있습니다. 특히 직장에서 상하 관계에 있는 가스라이터라면 접촉을 피하기가 너무 어렵습니다. 그래도 최대한 접촉 시간을 줄이고 꼭 필요한 연락은 전화나 이메일, 또는 문자메시지로 해볼 수는 있습니다. 친척이나 전 배우자, 가끔 만나는 친구들과의 관계에서는 낮은 수준의 접촉이 현명한 선택일 수 있습니다.

아예 접촉하지 않는 방법도 있습니다. 관계를 끝내는 것으로, 가스라이터에게 닿으려고 시도하지 않으며 그의 반응에도 응답하지 않는 것입니다. 가스라이터가 눈에 보이는 것 자체를 피할 수도 있어요. 가스라이터에게서 벗어나기 위해 다른 도시나 지역으로 이동할 수도 있죠. 매우 오랫동안 지속적이고 심한 가스라이팅을 당한 피해자의 경우, 경계 설정과 자존감 회복을 위해 이렇게 관계를 완전히 단절할 필요가 있습니다.

경계 설정
실전 연습

경계 설정이 처음인 분들이나 약한 경계 설정만 두고 있던 분들은 명확한 경계 설정이 어려울 수 있습니다. 그렇다면 매일 만나고, 가장 오래 보아온 가족과의 관계에서 경계를 설정하며 연습을 시작해보세요.

유년기와 청소년기를 거쳐 어른이 될 때까지 가족은 여러분의 개성이 확립되는 데 어떤 도움이 되었나요? 혹 자신의 신념과 상관없이 가족들의 기대에 따라 지내왔나요? 다음 다른 내담자들의 실패 사례를 바탕으로 여러분의 가족 관계 속 경계를 되짚어보세요.

사례1 로이의 경계 실패담

로이는 물리적 경계에 있어 홀로서기에 실패했다고 자평했습니다. 독립되고 사적인 공간을 원했지만 그 경계를 명확히 설정하지 못해 결국 부모님이 돌아가실 때까지 줄곧 함께 살았거든요. 한번은 여자 친구와 함께 독립하려고 시도도 해봤습니다. 하지만 다른 가족들이 로이가 부모님을 저버리려 한다며 죄책감의 메시지를 심어주었죠. 결국 그는 부모님이 사적 공간을 번번이 침범해와도 막지 못했습니다.

사례2 에비의 경계 실패담

에비는 고향을 떠나 대학 진학을 하고 싶었지만, 엄마가 울면서 네가 멀리 간다고 생각하니 가슴이 찢어지는 것 같다고 붙잡는 바람에 집 근처의 대학에 진학해 집에서 살았습니다.

에비는 이 선택이 잘한 것인지 줄곧 의아했습니다. 엄마가 에비를 성인으로 대해주지 않았기 때문인데요. 특히나 에비는 늦게 귀가하는 날이면 자신이 정말 나쁜 딸인 것처럼 느껴졌습니다. 왜냐하면 집에 돌아왔을 때 엄마가 기다리는 내내 얼마나 걱정하고 있었는지를 항상 토로했기 때문입니다.

나의 경계 설정 타임라인

앞서 성장 타임라인을 그려보았죠? 이번엔 경계 설정 타임라인을 그려봅시다. 어릴 때부터 지금까지 살면서 나는 언제, 어떤 특기할 만한 경계를 설정했는지를 적어보세요.

예를 들면, 어릴 적 포옹을 요구하는 친척을 처음으로 거절했던 일이나 대학에 들어가 독립한 뒤 내 집에 올 수 있는 사람을 구분했던 일, 대학 졸업 후 진로 선택, 이상형에 관한 결정 등 저마다 기억나는 것들을 자유로이 적어보세요.

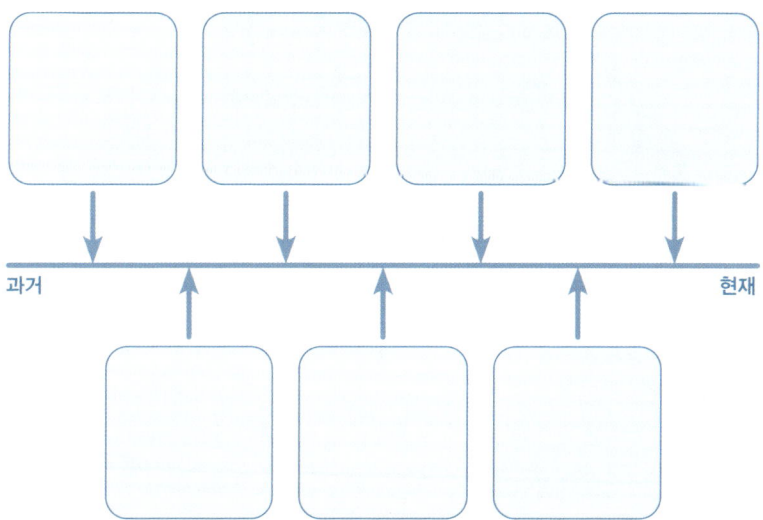

경계의 바퀴

궁극적으로 경계는 항상 통제 가능한 것을 다루게 됩니다. 그렇다면 내가 통제할 수 있는 것과 없는 것을 명확히 알아야겠죠? 가스라이터는 바로 이 '통제 가능 구분'을 흐리게 만듭니다. 내가 통제할 수 있는 것조차 통제할 수 없다고 믿게 하여 희생을 강요하죠.

다음은 경계의 바퀴입니다. 내가 통제할 수 있고 통제할 책임이 있는 것과 그렇지 않은 것을 명확히 보여줍니다. 경계의 바퀴에 쓰여 있는 개념들을 보며 내가 통제할 수 있는 것과 없는 것을 각각 찾아보세요.

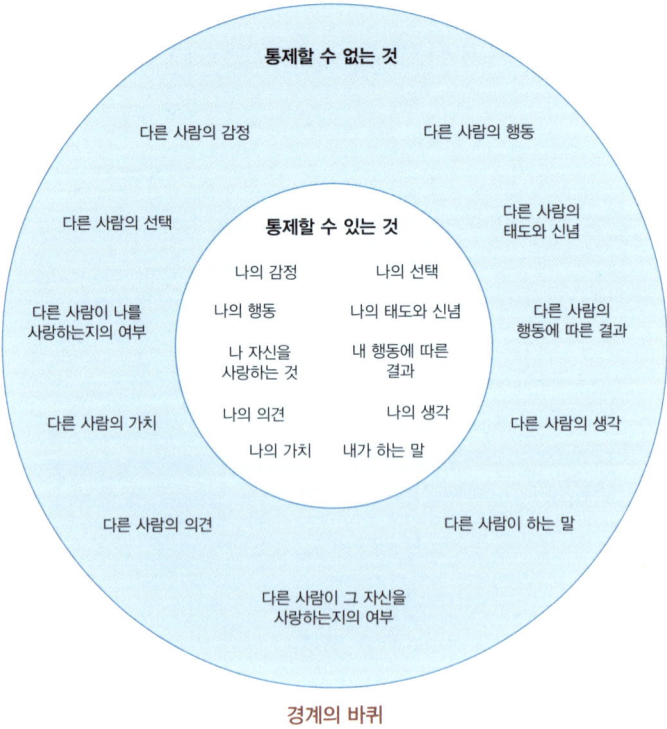

경계의 바퀴

중간 점검과 목표 설정

  모든 일은 과정이 중요한 것처럼 경계 설정 또한 중간중간 과정을 체크해야 합니다. 앞서 경계 설정을 해보았지만 잘 안 되는 부분이 있나요? 만약 있다면 다시 그 경계를 발전시켜봅시다. 자, 여러분의 경계는 명확해졌나요?

**경계 설정
중간 점검**

Q1. 잘 지켜지지 않은 경계는 무엇인가요? 그 원인은 무엇인가요?

Q2. 그 상황에서 깨달은 것이 있나요? 이를테면, 나의 경계가 너무 약했다거나 나의 진심을 제대로 반영하지 않았다거나 혹은 너무 비현실적으로 강한 경계를 설정했다거나 하는 것들 말입니다.

Q3. 그러면 앞으로는 어떤 시도를 해볼 건가요?

경계 설정 퀴즈

어떠한 관계에서든 경계 설정의 핵심은 나와 다른 사람을 명확히 구분하는 데 있습니다. 본질적으로 경계는 '이것이 내 것인가, 아니면 내 것이 아닌가?'라는 질문을 던지죠. 지금부터 짧은 상황이 담긴 글을 읽고, 그 속에 나타난 경계 설정 문제를 찾아보고 무엇이 맞는지 판단해봅시다.

양육의 어려움

클라라의 전남편 프레드는 주말마다 아이들과 시간을 보내고 일요일 저녁 6시에 아이들을 클라라에게 돌려보냅니다. 그런데 오늘은 어쩐 일인지 8시가 다 되어감에도 아이들을 돌려보내지 않았습니다. 클라라는 프레드에게 문자메시지를 보내 언제 아이들을 돌려보낼 건지 물었죠. 아이들은 내일 학교도 가야 했으니까요. 그런데 돌아온 메시지는 놀라웠습니다.

'내가 애들하고 좋은 시간을 보내려는 건데, 엄마가 되어서는 그걸 빼앗으려고 해?'

클라라는 화가 났지만 차분히 마음을 가라앉혔습니다. 그리고 이혼 시 협의했던 면접 시간을 짚어주며 프레드에게 협의한 내용을 지켜달라고 다시 메시지를 보냈죠. 그러나 프레드는 여전히 욕설이 가득한 문자메시지를 보내어 자신이 아이들과 아직 제대로 마음을 나누지 못했다며, 클라라는 언제나 관계보다 규칙이 우선인 갑갑한 사람이라고 비난했습니다.

클라라는 아이들이 아빠를 그리워한다는 걸 알았지만 협의했던 내용을 따르라고 요구하는 게 그렇게 잘못된 일인지 확신이 서지 않았습니다.

경계 설정 퀴즈 1

Q1. 클라라와 프레드 사이에서 발생한 갈등은 누구에게 책임이 있나요?
Q2. 이 상황에서 클라라의 경계는 어떻게 설정되어 있나요?
Q3. 프레드가 보내는 죄책감의 메시지는 무엇인가요?
Q4. 여러분이 판단하기에 클라라에게 문제가 있나요? 있다면 그가 책임져야 할 것은 무엇인가요?

뒤치다꺼리는 누구의 몫?

팀장 조지가 퇴근 시간을 앞두고 지니를 불렀습니다.

"노아의 업무 성과가 다른 팀원들에 비해 너무 떨어져. 이번 분기 프로젝트도 늦어지고 있다고. 노아는 지니가 담당하는 후배잖아. 노아가 뒤처지는 덴 어느 정도 지니의 책임도 있다고 봐. 그러니 오늘 남아서 일을 더 해줬으면 해."

지니는 억울했습니다. 회사는 탄력근무제를 시행하며 초과 근무 수당을 제대로 챙겨주지 않고 있었고 더군다나 자기 일은 제시간에 전부 마무리한 상태였거든요. 해당 프로젝트가 중요하다는 건 알고 있지만 조지가 노아의 뒤치다꺼리를 떠넘기는 듯한 느낌을 지울 수가 없었습니다.

하지만 지니는 퇴근하려고 쌌던 가방을 다시 풀며 투덜거릴 뿐이었습니다.

'노아가 일만 제대로 했어도 내가 야근할 일은 없었을 텐데.'

**경계 설정
퀴즈 2**

Q1. 프로젝트의 지연에 관한 책임이 지니에게 있다고 생각한다면, 그녀가 책임져야 할 것은 무엇이라고 생각하나요?

Q2. 지니가 책임질 일이 없다고 생각한다면, 그녀는 어떤 경계를 다시 설정해야 할까요?

동생을 지키는 형

네오는 고등학생이 되자마자 반항하며 엇나가는 막내아들 잭이 영 마뜩잖았습니다. 네오에겐 스무 살이 된 큰아들 제이드가 있었는데, 제이드는 언제나 자기 말에 복종하며 하라는 대로 해왔던 터라 더욱 잭을 이해할 수 없었죠.

어느 날, 잭이 기어코 팔에 문신을 새기고 들어온 것을 보고 네오는 불같이 화를 냈습니다. 그리고 제이드를 불러 물었죠.

"제이드, 네 동생이 문신을 하고 온 게 옳은 행동으로 보이냐? 이건 탈선의 시작이야. 이러다 마약에도 손을 대고 결국 범죄를 저지르게 될 거라고."

제이드는 잔뜩 화가 난 아버지의 말에 주눅이 들었습니다. 그러나 잭은 그런 아버지를 보고도 이건 개성의 표현일 뿐이라며 자유를 빼앗지 말라고 외쳤죠. 격하게 다투는 두 사람 사이에서 제이드는 아무 말도 못 하고 서 있어야 했습니다.

결국 잭이 집을 박차고 나간 뒤, 네오는 제이드에게 비난의 화살을 돌렸습니다.

"아까 그 자리에서 너도 형으로서 동생을 혼냈어야지!"

뿐만 아니라 한밤중 집에 돌아온 잭 역시 제이드에게 투정을 부렸습니다.

"아까 아버지가 화낼 때 나를 보호해줬어야지!"

제이드는 아버지와 동생 모두에게 나쁜 사람이 되어 죄책감에 잠을 이루지 못했습니다.

경계 설정 퀴즈 3

Q1. 잭이 문신하기로 결정한 것은 누구에게 책임이 있을까요?
Q2. 아버지가 드러낸 감정적인 반응은 누구에게 책임이 있을까요?
Q3. 이 상황에서 제이드의 경계는 어떠한 어려움을 겪고 있나요?
Q4. 여러분이 제이드라면 아버지와 동생이 갈등하는 상황에 어떤 경계를 설정할 수 있을까요?

죄책감 없이, 비열하지 않게
거절하는 10가지 말

가스라이팅 피해자들은 자기가 비열하고 이기적이고 무심한 사람으로 비춰질까 봐 '싫다'는 말을 잘 못 합니다. 그러나 내가 설정한 경계에 따라 거절하고 싶을 때 거절하는 것은 결코 잘못이 아니에요. 나의 자존감을 보호하기 위한 정당한 선택이죠. 다음은 거절의 다양한 표현입니다. 소리 내어 말하면서 익숙해져보세요.

1. 싫어.
2. 나한텐 안 통해.
3. 미안, 난 못 해.
4. 이건 못 하겠는데 다른 건 가능해.
5. 네가 그러니까 기분이 상한다.
6. 난 그거 별로야.
7. 지금 말고 다른 때에 하자.
8. 물어봐준 건 고마운데 안 될 것 같아.
9. 고맙지만 사양할게.
10. 안 하는 게 좋겠어.

경계를 존중받지
못할 때

우리는 나의 경계를 무시하는 사람을 거부할 권리가 있습니다. 경고를 줄 수도 있고 관계를 아예 끊을 수도 있어요. 하지만 부모님이 약한 경계 설정을 해둔 분들이었거나 부모님으로부터 항상 경계를 무시당하며 자랐다면, 또는 지속적인 가스라이팅 피해를 입어왔다면 내 경계가 존중받지 못한다는 사실 자체를 잘 알아채지 못할 수 있습니다. 모래 위에 그은 희미한 선 같은 경계는 가스라이터가 탭댄스를 추며 흐려버리기 쉽습니다.

가스라이터가 내 경계를 무시하는, 그 미묘한 시그널에 주의를 기울이면 이를 막을 수 있습니다. 이미 여러분은 가스라이터의 미묘한 행동이 분명 옳지 않다는 느낌을 받았지만 그걸 놓쳤던 경험이 있을 거예요. 뭔가 잘못된 것 같은데 그게 뭔지 명확히 집어낼 수 없을 땐 몇 가지 질문을 던져서 확인해보세요.

**가스라이터의
미묘한 시그널
확인하기**

Q1. 상대의 행동이 무언가 불편한가요? 어느 부분이 불편한가요?

Q2. 상대의 행동이 노골적으로 이상하다고 생각했나요?

Q3. 상대 행동에 신체감각이 변화했나요?

흔들리는 경계

미묘하게 여러분의 경계를 흐리는 가스라이터가 있는가 하면, 설정해둔 경계 자체를 흔들어 이를 무력화하는 가스라이터도 있습니다. 이들은 자신의 욕구가 다른 모든 것보다 우선한다고 생각해서 피해자의 경계를 마치 극복해야 할 도전으로 취급하죠. 궁극적으로 피해자가 아예 경계를 바꾸도록 하는 것이 가스라이터들의 목적입니다.

가스라이터들의 경계 흔들기의 몇 가지 예를 보여드립니다. 이 예들을 보며 여러분도 가스라이터에 의해 경계가 흔들린 적이 있었는지 떠올려보세요.

- 아이가 일곱 살이 되기 전까지 군것질을 통제 중인데, 시어머니가 이를 무시하고 아이에게 아이스크림을 먹였다. 그러면서 하는 말 "애가 저렇게 먹고 싶어 하는데 먹게 해줘야지."
- 해산물을 싫어하는데 남자 친구가 자꾸 해산물이 들어간 음식을 시킨다. 그러면서 하는 말 "억지로라도 먹다 보면 좋아하게 될 거야."
- 내 노트북을 빌려 간 친구가 자기가 자주 쓰는 프로그램들을 왕창 깔아놨다. 그러면서 하는 말 "이거 너도 쓰면 도움될 거야. 내가 너 편하라고 대신 깔아준 거면 고마워해야지."
- 쉬는 날에도 계속 메시지를 보내 일을 시키는 상사. 그러면서 하는 말 "내가 빨리 업무 스킬이 늘도록 도와주고 있는 거예요. 내 시간을 투자해가면서. 그러면 기꺼이 해야죠."

나의 경계
지키기

이젠 나의 경계를 지키는 연습을 해볼 거예요. 우리는 경계가 무시받을 때 3가지 방법으로 대응할 수 있어요. 바로 관여하기, 끊어내기, 전략적 후퇴입니다.

관여하기

나의 경계를 넘나드는 상대에게 말로써 지적하는 방법입니다. 왜 나의 경계가 중요한지를 설명하고 내 경계를 무시하는 행동을 멈추지 않으면 어떤 결과가 일어날 것인지를 인지시키는 것이죠. 물론 이 방법은 논쟁으로 이어질 가능성이 큽니다. 가스라이터는 논쟁에서 유리할 것이고요. 그러므로 미리 경계를 지키기 위한 말들을 만들어놓고 연습해, 가스라이터에게 반복해서 말하는 게 중요합니다.

끊어내기

말이 정말로 안 통하는 가스라이터에게 쓰는 방법으로 자리를 박차고 일어나거나 전화를 끊는 등 상황을 종료하는 방법입니다. 가스라이터는 계속해서 피해자에게 죄책감을 심어주며 감정적 동요를 이끌어내려 합니다. 거기에 휘말려 감정이 움직이면 설정해둔 경계보다 감정이 우선하게 됩니다. 따라서 가스라이터의 함정에 휘말리지 말고 "이 상황에 대해 서로 생각이 다른 것 같으니 계속 논쟁하기보단 각자 생각할 시간을 갖자" 하고 상황을 자발적으로 끊어내세요.

전략적 후퇴

차후 다시 경계에 대한 자기주장을 펼치기로 하고 현재 상황은 끊어내는 방법입니다. 여지를 남기되 전략적으로는 후퇴해서 대화의 주도권을 잃지 않는 것입니다.

제3의 가스라이터
반발 다루는 법

'날아다니는 원숭이'의 회유

'날아다니는 원숭이'라는 말을 아나요? 영화 〈오즈의 마법사〉에 나오는, 서양의 사악한 마녀를 따르는 생명체의 이름입니다. 영화에서 마녀는 주인공 도로시를 괴롭히고 납치하기 위해 동물들을 보내고 악한 행동을 대신시키죠.

가스라이팅 관계에도 날아다니는 원숭이와 같은 존재가 있어요. 가스라이터를 대신해 피해자의 동정심을 자극하고, 끝내 피해자들이 가스라이터에게서 벗어나지 못하게 하는 것입니다. 이들은 본인들도 가스라이터의 영향을 받아 피해자들에게 수치심을 주고 교묘한 수작을 부립니다. 그냥 겉으로만 봐선 갈등을 중재하는 평화의 수호자로 보이기도 하는데요. 실제로는 가스라이터를 대신해 활동하는 행동대장에 가깝습니다.

마리는 강압적인 아버지 때문에 오랫동안 자존감을 잃고 살았습니다. 하지만 더는 참을 수가 없어 스물일곱 살이 되던 해에 집을 떠났죠. 그런데 집을 떠난 후로 줄곧, 이모 크리스티나가 마리에게 전화를 해왔습니다.

"널 키워준 아버지를 저버리다니, 그건 너무 냉정한 거야. 이모가 도와줄 테니 아버지와 잘 대화해봐. 알겠지? 그러니까 이번 크리스마스에는 아버지 집으로 와."

마리는 자신의 삶을 위해 아버지에게서 떨어져 지낼 필요가 있음을 이모에게 말했지만 이모는 계속해서 다시 아버지와 함께 살라고 말했습니다. 이모뿐 아니라 할머니 역시 아버지도 언제나 완벽할 수 없으며 마리의 태도가 지나치다고 전화를 걸어 왔습니다.

하지만 이렇게 모두 마리를 회유하는 동안, 정작 아버지는 연락 한 통 하지 않았습니다.

이 사례에서 이모가 바로 나의 경계 설정을 방해하는 날아다니는 원숭이입니다. 화해를 돕는 듯 보이나 사실은 피해자의 경계 설정에 반발하는 행동일 뿐입니다.

**반발 다루기
연습 1**   Q. 인간관계에서 날아다니는 원숭이를 겪은 적이 있나요?

'원래대로 돌아가' 메신저

가스라이터들은 언제나 손바닥 위해 피해자를 올려놓고 싶어 합니다. 그래야 마음대로 조종할 수 있으니까요. 그래서 그들은 '원래대로 돌아가'라는 메시지를 다양한 방식으로 피해자에게 주입합니다. 이 메시지는 가스라이터뿐 아니라 가스라이팅당한 피해자가 직접 사용하기도 합니다.

제이콥은 어렸을 때 아버지와 친하게 지냈지만 아버지가 약물을 남용하는 바람에 성인이 된 후로는 좋은 관계를 유지하지 못하고 있었습니다. 아버지는 음주운전 사고도 여러 번 저질렀고, 그때마다 제이콥이 뒷수습을 해주었죠. 그러나 아버지가 네 번째 음주운전에 걸리고 나서는 제이콥은 더 이상 아버지를 도울 수 없다고 생각하고 집과 연락을 끊었습니다. 이후 아비지의 뒤처리는 두 살 아래 동생인 세스가 하게 되었습니다.

어느 날, 늦은 밤 세스가 제이콥을 찾아와 말했습니다.

"어떻게 아버지를 내게 던져놓고 형은 팔자 좋게 살 수가 있어? 내가 지금 몇 시간 동안이나 아버지 차를 배수로에서 끌어냈는지 알아? 형은 왜 이렇게 이기적이야? 빨리 다시 집으로 돌아와. 그러지 않으면 모든 사람이 형이 얼마나 이기적인지 다 알게 될 테니까."

세스의 말에 제이콥은 갑자기 죄책감을 느꼈습니다. 왠지 다시 집으로 돌아가 아버지 문제를 해결해줘야 할 것 같다는 생각이 들었죠. 같은 피해자인 세스가 제이콥에게 '원래대로 돌아가'의 주문을 건 것입니다.

**반발 다루기
연습 2**

Q. 누군가 나에게 '원래대로 돌아가'라는 메시지를 주입한 적이 있나요?

보호막 시각화

내 경계를 침범하려는 사람을 파악하기 어려울 때, 보호막을 상상해 보세요.

명상을 하듯 눈을 감고 피부의 물리적 경계를 인식하는 것부터 시작하면 됩니다. 이 우주에서 내 몸이 차지하는 공간, 그 공간을 정하는 몸과 세상의 경계를 느끼는 것입니다. 그다음 피부를 덮고 있는, 투명하고 유연하지만 절대 깨지지 않는 보호막을 머릿속에 그려보세요. 이 보호막은 긍정적 에너지와 맑은 공기는 들여보내주지만 부정적 에너지는 확실히 막아줍니다.

내 몸에 확실한 보호막을 둘렀다면 이번엔 가스라이터의 몸 위로 투명한 원통을 씌워보세요. 사방이 막힌 투명한 원통은 가스라이터가 나의 경계를 넘어오려는 걸 막아줍니다. 그가 보내는 가스라이팅 메시지 역시 내게 닿지 않습니다.

언제나 나를 보호하는 튼튼한 막이 있다고 생각하며 여러분의 경계를 유지하세요.

공간을 확보하는 문장 외치기

내게는 나만의 경계를 설정하고 이 경계 안으로 들어올 사람과 그럴 수 없는 사람을 정할 권리가 있음을 세상에 외쳐보세요. 다음 예시를 보고 여러분만의 문장으로 적고 외치세요.

나의 경계를 위한 권리

"나는 내 인생에서 나만의 경계를 설정할 권리가 있다."
"나는 매일 필요한 경계를 더 명확하게 세워가고 있다."
"나는 내 경계에 대해 스스로 이해하고 있으며 존중받을 준비가 돼 있다."

내가 쓰는 경계 권리

"나는 _____."

**5장을
마무리하며**

Q1. 어떤 문제가 가장 마음에 와닿았나요?

Q2. 어떤 문제가 가장 마음에 와닿지 않았나요?

Q3. 5장을 끝낸 지금, 기분이 어떤가요? 5장을 읽기 전과 후의 기분 변화를 써보세요.

Q4. 5장의 연습 문제들을 통해 무엇을 얻었나요?

3부

보이지 않는
상처를 치유하는
트라우마 치료

가스라이팅 치료의 궁극적인 목표는 학대로 받은 상처를 말끔히 없애는 데 있습니다. 이를 위해선 우리 내면 깊은 곳으로 내려가 트라우마로 남은 상처를 어루만져야 합니다. 그리고 일상에서 언제나 내가 나로 살기 위한 실천의 노력이 필요하죠. 이제 그 연습을 시작해봅시다.

6장
자기 관리

건강한 라이프스타일을 만드는 법

힘든 가스라이팅 치료 3단계를 지나온 여러분께, 먼저 축하의 박수를 보냅니다. 여러분도 스스로에게 축하 인사를 건네보세요. 가스라이터에게서 벗어나는 여정은 힘납니다. 그렇기에 내딛는 한 걸음 한 걸음에 자부심을 느껴도 좋아요.

이번 6장에서는 성장과 치유를 돕는 자기 관리 루틴을 배워봅니다. 정서적 학대에서 완전히 탈출하기 위해서는 자기 관리가 반드시 필요합니다. 특히 내가 원하는 것, 즉 욕구를 충족하는 연습을 해볼 것입니다. 그동안 가스라이터는 욕구를 충족하는 것이 이기적이라고 세뇌해왔을 것입니다. 하지만 욕구를 인식하고 충족하고 스스로 절제하는 자기 관리의 방식은 트라우마 없이 건강한 라이프스타일로 돌아가는 데 무엇보다 중요합니다.

자기 관리의 영역

트라우마 치료에서 말하는 자기 관리는 5가지 주요 영역으로 이루어져 있습니다.

첫째는 신체적 자기 관리입니다. 말 그대로 몸을 돌보는 것을 뜻하죠. 적절한 휴식과 영양가 있는 음식 섭취, 충분한 수분 섭취, 몸에 맞는 운동, 질병이나 부상의 치료, 긍정적인 접촉 등의 활동이 포함됩니다.

둘째는 정신적 자기 관리입니다. 정신적 측면을 돌보는 것으로, 새로운 것을 배우거나 문제적인 사고 패턴을 극복하고 바꾸려는 행동, 근거 있는 의견 만들기, 정신노동에서 벗어나 휴식을 취하기, 좋아하는 방식으로 뇌 사용하기 등의 활동이 포함됩니다.

셋째는 정서적 자기 관리입니다. 마음을 돌보는 것이라 보면 됩니다. 자신의 감정을 살피거나 인정하는 것, 정서적 상처를 치유하는 것, 감정을 건설적으로 표현하는 것, 마음을 충만하게 만드는 것 등입니다.

넷째는 영적 자기 관리입니다. 영혼의 관리를 뜻하죠. 종교적인 신념이나 수행이 포함될 수도 있지만 반드시 그것만을 의미하지는 않아요. 명상과 마음 챙김, 목적 설정, 확언과 감사를 실천하는 것 등의 행위도 영적 자기 관리입니다.

마지막으로 다섯째는 관계적 자기 관리입니다. 관계 내에서의 자기 관리를 생각하면 되는데요. 내가 함께 시간을 보낼 대상을 결정하는 것, 연인 관계에서 자신의 개성을 유지하고 애정을 키워나가는 행동이나 반대로 해로운 관계를 단절하는 것 등이 포함됩니다.

이 5가지 자기 관리 영역들은 완전히 동떨어져 있지 않고 서로 겹칩니다. 사람은 복잡하고 다면적인 존재니까요. 한 영역에서 자기 관리가 잘 이루어진다면 여기서 파생되는 긍정적 에너지가 다른 영역에도 좋은 영향을 미칩니다. 좋은 향기가 나는 로션을 바르면 피부가 부드러워지는 동시에 그 향기와 관련한 즐거운 추억이 떠올라 행복해지는 것처럼 말이죠.

**자기 관리
진단**

Q1. 5가지 자기 관리 영역 중 내가 잘 해내고 있는 영역은 무엇인가요?

Q2. 현재 가장 소홀한 자기 관리 영역은 무엇인가요?

자기 관리의 원칙

다음은 트라우마 치료를 위한 자기 관리의 4가지 원칙입니다. 잘 읽어보고 기억해보세요.

첫째, 나의 필요와 욕구에 관련되어야 합니다. 만약 새롭게 도전한 자기 관리가 나와 잘 맞지 않는 것 같다면 조절해야 합니다.

둘째, 능동적이어야 합니다. 자기 관리는 뒤로 한 발짝 물러나는 것이 아니라 매일 적극적으로 소소한 자기 관리 방법들을 행하는 것입니다.

셋째, 기력을 회복해야 합니다. 자기 관리는 분명 행동하는 것이지만 그 결과물은 에너지 소비가 아닌 회복으로 나타나야 합니다. 육체적으로는 피곤하더라도, 정신적으로는 상쾌한 기분이 들어야 하죠.

넷째, 변화가 뒤따라야 합니다. 자기 관리를 했는데도 정체감을 느낀다면 그때는 새로운 것을 시도해야 합니다.

신체적 자기 관리

몸의 휴식

 일, 학교, 운동, 취미, 가족 구성원으로서의 의무, 사회적 약속, SNS 활동, 집안일, 출퇴근, 뉴스 보기 등 우리는 매일 눈을 뜨고 잠들 때까지 바쁘게 보냅니다. 쉼 없이 흘러가는 하루에 점점 지쳐가고 불안이 심해지죠. 이렇게 바쁜 중에는 마음속에 잠재된 트라우마의 상흔도 쉽게 덧나게 됩니다.
 그러나 지금 당장 어떤 자기 관리를 하겠냐고 물으면 대부분은 '휴식' 대신 '운동'이나 '공부'를 말할 것입니다. 휴식이 자기 관리라고 잘 생각하지 않기 때문이죠. 그러나 휴식은 신체적 자기 관리에 있어 빠질 수 없는 요소입니다. 충분한 휴식을 통해 하루 동안 쌓인 피곤함을 털고 체력을 회복하고 고갈된 에너지를 채우며 기분 전환을 해야 또 다른 자기 관리로 나아갈 수 있습니다.

나는 충분히 쉬고 있을까?

Q1. 본인 기준에서 진짜 잘 쉬었다고 느끼는 수면 시간은 얼마나 되나요? 그리고 그와 상관 없이 현재 실제로 하루 평균 몇 시간을 자나요?

Q2. 만일 충분히 자지 못한다면 무엇이 수면을 방해하는 것 같나요?

Q3. 올바른 휴식을 위해 현재 생활에서 개선해야 할 환경과 행동을 적어 보세요.

예) 취침 한 시간 전부터는 휴대폰 보지 않기! 또 오후 1시 이후에는 카페인 섭취 금지!

Q4. 휴식의 범위는 넓습니다. 병이나 부상에서 회복하는 일, 명상, 잠시 행동을 멈추고 천천히 호흡하는 것 모두 휴식이죠. 여러분의 휴식법은 무엇인가요?

활동과 운동

운동 능력 수준이나 신체 능력의 한계와 상관없이 내게 맞는 활동과 운동을 찾는 것도 신체적 자기 관리의 방식입니다. 신체 장애나 만성 통증을 앓는 사람들도 매일 일상 속에서 규칙적인 활동을 해나가면 증상이 나아질 수 있죠.

다음 질문을 통해 신체적 자기 관리에 활력을 불어넣어보세요.

자기 관리는 이기적인 것이 아니다

가스라이팅 피해를 입었던 사람들은 종종 자신의 욕구에 따라 시간을 보내는 행위가 이기적이지 않을까 걱정합니다. 그러나 내가 원하는 대로 살아가는 것은 다른 이를 무시하는 행동이 결코 아닙니다. 나의 삶은 나의 것이고, 남의 삶은 남의 것이니까요. 뿐만 아니라 자신을 관리하고 돌보는 행위는 오히려 다른 사람과의 관계에서 그를 더 이해하고 용인할 수 있는 애정을 키워줍니다.

나는 어떻게 움직이고 있을까?

Q1. 평소 어떤 신체 활동을, 얼마나 자주 즐기나요? 꼭 운동이 아니라도 여러분의 기분을 좋게 해주는 활동이면 무엇이든 적어보세요.

Q2. 만약 즐겨 하는 활동이 없다면 그 이유는 무엇인가요?

Q3. 오늘부터 당장 해볼 수 있는 신체 활동을 찾아보세요. 어제보다 반 발짝만 더 나아간 활동이어도 괜찮습니다.

Q4. 가스라이팅에서 벗어난 사람들은 활동적으로 여러 일에 도전하기 어려워할 때가 있습니다. 그러나 꿋꿋이 밀고 나간다면 점차 흥미를 느낄 수 있죠. 도전하고 싶은데 망설이고 있는 활동이 있다면 어떻게 시도해볼지 계획을 세워보세요.

예) 암벽 등반을 해보고 싶었는데, 계속 떨어지고 못 올라가서 다른 사람들이 지루해할까 두려웠다. 하지만 동네에 초보자를 위한 실내 암벽 센터가 생겨서 거기서 나와 비슷한 수준의 사람들과 함께 배워보려고 한다. 맘이 바뀌지 않도록 트레이닝복과 신발도 사서 차에 넣어두었다.

정신적 자기 관리

정신의 휴식

복잡한 정신에 쉼을 준다면 어떤 걸 먼저 할 수 있을까요? 아마도 가만히 멍하게 있는 모습부터 떠올릴 것 같습니다. 이른바 '멍 때리기'는 문제로부터 정신적 거리를 둘 때 효과적이긴 하지만, 그 방법만 있는 건 아니에요.

다음 질문들을 보면서 또 다른 정신적 휴식의 방법은 뭐가 있을지 함께 생각해봅시다.

나는 어떻게 정신적 휴식을 취하고 있을까?

Q1. 가장 정신적 피로를 느끼는 일이나 상황은 무엇인가요?

Q2. 언제 정신적인 휴식이 필요하다고 느끼나요?

Q3. 머릿속이 텅 비는 순간이 있나요?

Q4. 완전히 신경을 끊지 않으면서도 정신적으로 휴식을 취할 방법이 있을까요?

예) 갑자기 떠오른 아이디어나 할 일을 애써 생각하려 하지 말고, 잘 메모해둔 뒤 시간이 날 때 본다.

더 깊이 파고들기

어떤 생각을 더 다듬고 깊이 파고드는 것 역시 정신적 자기 관리입니다. 자기계발서를 읽고 부족한 부분을 보강하기, 새로운 정보를 습득해 도전하기, 일기를 쓰며 하루를 정리하기, 의견을 존중하는 토론에 참여하기 등이 우리의 정신을 깊이 성숙시키는 방법들이죠. 저는 글쓰기를 많이 추천하는데요. 정신적 에너지를 자극하는 동시에 깊은 집중에 빠질 수 있기 때문입니다.

다음 질문을 통해 정신세계를 더 넓힐 방법을 알아보도록 합시다.

나는 어떻게 정신세계를 넓히고 있을까?

Q1. 지금껏 내 정신을 가장 자극하고 성숙시킨 활동은 무엇이었나요?

Q2. 나는 어떠한 분야의 지식이 많다고 생각하나요? 그것 외에 새롭게 알고픈 분야가 있나요?

Q3. 항상 답을 알고 싶었지만 바보같이 들리거나 분위기가 심각해질까 봐 숨겼던 질문이 있나요? 그 질문에 대한 나만의 답을 적어보세요.

예) 질문 '수학을 왜 배워야 할까?' 답 '사기당하지 않으려고!'

Q4. 새로 배우고 싶은 일을 하나 정해보세요. 그리고 이 능력을 키우기 위해 어떻게 해야 할지도 적어보세요.

예) 기타 배우기. 이번 주부터 초보 기타 주법을 알려주는 유튜브 영상을 한 편씩 보겠다.

정서적 자기 관리

인정과 검증, 그리고 친해지기

정서적 자기 관리는 가스라이터가 억압한 감정을 스스로 불신하지 않도록 하는 데서 출발합니다. 그리고 가스라이터의 의문을 학습하지 말고 나의 내부에서 흘러나온 감정을 인정하고 검증한 뒤 마주한 감정과 친해져야 합니다.

이를 위해 내 감정에 명확한 이름을 붙이고 온전히 느끼는 과정이 필요한데요. 이를 가스라이팅의 자기 소거 self-erasing 메시지에 대항하는 자기애적 행동이라고 합니다. 감정을 인정하고 그 감정을 검증하고 받아들이는 일련의 과정은 고통이 아닌 해방입니다. 정서적 자기 관리는 고통에서 해방되는 자유를 느끼며 강화됩니다.

나는 감정에 충실하고 있을까?

Q1. 가장 최근 감정적으로 반응했던 때가 있었나요? 그때 그 상황은 어땠고, 그 감정의 종류는 무엇이었나요?

Q2. 좀처럼 감정을 드러내기 힘들어하고 있나요? 그 이유는 어디에 있을까요?

Q3. 이제부터 자신의 감정과 친해지세요. 지금 이 순간 당신의 감정은 무엇인가요?

해방을 위한 명상

앉거나 눕는 등 편안한 자세를 취하세요. 눈을 감고 내면에 집중합니다. 호흡에 집중하고 몸 안팎으로 흐르는 기운의 흐름을 따라갑니다. 호흡이 부드럽다고 느껴질 때까지 몸을 이완하세요.

이제부터 의식을 마음에 채울 거예요. 밝은 빛을 떠올려보세요. 그 빛은 점차 내 마음을 채우고, 나의 어두운 부분까지 밝게 비춰줍니다.

빛은 고통스러운 기억을 향해 갑니다. 그리고 고통스러운 기억이 남은 나의 몸 곳곳을 밝혀줍니다. 빛은 돌고 돌아 심장으로 옵니다. 숨을 쉴 때마다 심장 깊은 곳에 자리한 상처가 치유되며 갑갑했던 심장이 해방감을 느낍니다.

치유로 자유를 얻은 상처와 고통들은 나의 내면 중심으로 와 서로 이야기를 나눕니다. 어떤 감정을 가졌는지, 얼마나 슬펐는지 등을 나누며 점차 희미해집니다. 그렇게 상처와 고통이 옅어지면 숨을 쉬면서 수치심, 비난, 슬픔, 분노의 감정을 몸 밖으로 내보냅니다. 만일 나의 내면이 그 감정을 몸 안에 남겨두고 싶어 한다면 굳이 해방시킬 필요는 없어요. 그것은 또 다른 고통을 불러올 수 있으니까요.

내게서 해방된 아픈 감정들은 멀리 날아가 타오릅니다. 재가 되어 날리고 그렇게 완전히 사라집니다.

마음이 치유되면 자기 연민의 능력이 향상됩니다. 무한한 치유 능력을 지닌 스스로에게 감사하며 천천히 눈을 뜹니다.

영적 자기 관리

영적 자기 관리는 영혼의 요구에 따르는 과정을 의미합니다. 영적 자기 관리라고 하면 주로 종교적 실천이나 기도, 수행 등을 떠올리는데 그 외에도 여러 방식이 있습니다. 영혼을 따르는 명상이나 사색, 자신의 의도를 명확히 하는 행위, 감사하기, 마음 챙김, 적극적인 자기주장 등도 영적 자기 관리죠.

영적 자기 관리를 위해 우리는 마음을 달래주고 진정시키는 주변 환경과의 연결에 집중해야 합니다. 영혼은 평화와 긍정적 에너지가 넘치는 공간에서 연결 고리가 생기기 때문입니다. 공원, 잔디밭, 숲, 조용한 해변과 같은 자연을 찾아 영혼의 소리를 들어보세요.

연결과 흡수

영적 자기 관리의 첫걸음은 '연결'입니다. 이를 위해서는 우리의 오감 five senses이 환경을 느끼고 내게 건네는 말을 듣는 연습부터 시작해야 하죠. 나를 스치는 바람 소리를 듣고, 땅 위에 새겨지는 내 발자국을 바라보고, 공기의 온도를 느끼고, 풍겨 오는 냄새를 맡아보세요. 물을 한 모금 마시고 입술과 혀, 목구멍에 느껴지는 액체의 감각에 모든 신경을 집중해보는 연습도 해보세요.

오감이 자연과 소통하고 세상과 연결되는 게 중요합니다. 내가 자연의 일부분임을 온몸으로 느끼고, 한 생명체로서 나는 세상에 어떤 소리를 더하고 있는지를 알아채는 것이죠.

앉거나 눕기 편안한 장소에서 태양을 느끼는 것도 좋은 방법입니다. 이는 자연과 연결을 넘어 흡수까지 나아가는 과정입니다. 손을 차분히 올리고 내리며 지구가 당기는 중력을 느끼고, 숨을 크게 들이쉬며 에너지를 흡수하세요. 자연과 깊이 이어지는 행복을 느낄 수 있을 것입니다.

털어내기

영혼의 성장에 도움이 되지 않는 부정적 에너지를 털어내는 것도 영적 자기 관리입니다.

가능한 한 곧은 자세로 등을 편 채 서보세요. 그리고 부정적 믿음, 부정적 자기 대화, 부정적 경험에서 우러나온 에너지가 검은 덩굴처럼 피부를 감아 온다고 상상합니다. 이제 명상에서 만나보았던 내면의 빛이 나를 휘감은 검은 덩굴을 끊어내는 걸 떠올립니다. 숨을 쉴 때마다 빛이 더욱 밝아지고 검은 덩굴은 무참히 잘려나갑니다.

 검은 덩굴이 사라진 후, 아주 조금이라도 남아 있을지 모를 부정적 에너지를 털어낼 거예요. 오른손으로 왼쪽 어깨를 툭툭 털어내세요. 반대쪽도 똑같이 툭툭 털어내며 개운해지는 걸 느낍니다. 가스라이터가 내 몸에 새긴 부정적 메시지를 지우듯 해방감을 느낄 때까지 털어냅니다. 필요하다면 다리를 털거나 닦아내는 동작을 해도 좋아요. 머릿속을 혼돈으로 빠뜨렸던 가스라이터의 메시지를 털어내듯 머리카락을 흐트려도 좋고요. 영혼을 좀먹는 부정적 에너지를 털어낸다는 의도만 잊지 말고 계속해봅니다.

 이제 코로 천천히 깊은 숨을 들이마시면서 가슴과 배를 공기로 가득 채우세요. 그다음 짧고 뚜렷하게 숨을 끊어 내쉬세요. 횡격막이 오르락내리락하는 걸 느끼면서 공기를 억지로 밀어내세요. 손을 배에 올려 숨을 더 정확히 내보낼 수 있게 눌러도 됩니다. 그렇게 가슴을 꽉 막은 무언가를 털어내세요.

 모든 부정적 에너지를 털어냈다면 가슴속이 빛으로 가득 찬 이미지를 떠올리며 연습을 마칩니다.

관계적 자기 관리

투자와 심화

관계적 자기 관리는 관계 내에서 이루어지는 자기 관리입니다. 삶을 풍요롭게 하는 관계에 투자하고 이를 심화하는 것이죠. 내가 사랑받고 있다는 느낌이 들게 해주는 이가 있나요? 나를 지지하고 인정해주는 사람들을 떠올려보세요. 어떻게 하면 이 사람들과의 관계를 심화할 수 있을지 생각해봅시다.

**내게
힘이 되는
관계는
무엇일까?**

Q1. 나를 도와주고 사랑해주며 인정해주는 사람을 세 명 이상 떠올려보세요. 물론, 당장 생각나지 않아도 괜찮습니다.

Q2. 그들과의 관계는 삶에 어떤 풍요를 주었나요?

Q3. 앞서 말한 사람들과 얼마나 자주 만나고 연락하나요?

Q4. 나를 사랑하고 지지해준 이들에게 어떻게 감사한 마음을 전할 수 있을까요?

Q5. 앞서 말한 사람들 외에 애정 어린 관계를 맺고 싶은 사람이 있나요? 왜 그 사람과 친해지고 싶나요?

분리와 해제

그런가 하면 가스라이터처럼, 여러분의 성장을 방해하는 관계도 있죠. 관계적 자기 관리에는 나를 메마르게 하고 심지어 해치는 관계에 거리를 두는 과정이 반드시 포함됩니다. 가스라이팅에서 벗어난다는 건 가스라이터를 변화시키는 게 아니라 그와의 관계를 나의 의지로 끊는 과정이기 때문입니다.

어느 관계에서나 갈등, 불화, 실수는 있기 마련이고 이로 인해 일정량의 고통이 파생됩니다. 다만 대부분은 내가 견디고 처리할 수 있는 수준에 속하죠. 그러나 가스라이터와의 학대적인 관계는 비교할 수 없는 수준으로 왜곡되어 있어 부차적 고통이 상당합니다.

그렇다면 어떠한 방법으로 상처 입는 관계에 노출되지 않을 수 있을까요?

**내게
해가 되는
관계는
무엇일까?**

Q1. 살면서 가장 큰 고통을 가져다준 관계는 무엇이었나요? 내게 독이 되었던 불균형적 관계를 떠올려보세요.

Q2. 그 관계는 내게 어떠한 상처를 주었나요?

Q3. 지금도 나에게 상처를 주는 사람들이 있나요? 있다면 그들과 얼마나 자주 만나나요? 끊을 수 없는 관계인가요?

Q4. 해가 되는 관계에서 벗어날 수 있는 방법엔 무엇이 있을까요? 우리는 언제 해가 되는 관계를 단호히 거절해야 할까요?

치유를 위한
자기 관리

가스라이팅을 장기간 당하고 나면 피해자는 자기 감각 sense of self 을 잃게 됩니다. 즉, 내가 나에게서 단절되는 것이죠. 그래서 치유를 위한 자기 관리는 자기 연민을 통해 나에게 다시 연결되는 과정이어야 합니다. 내 욕구가 가치 판단의 대상이 아니며 용인되어야 할 권리라는 점과 스스로 사랑받아 마땅하다는 인식을 회복하면 나와 다시 연결될 수 있습니다.

성향에 따른 치유의 시간

성격을 구분할 때 '내성적이다' 또는 '외향적이다'라고 많이들 이야기합니다. 내향성과 외향성은 한 사람이 다른 사람과의 사회적 참여에 반응하는 방식을 말합니다.

내향성이 강한 사람들은 사회적 참여를 피곤하게 느끼고 혼자 시간을 보내며 기력을 충전합니다. 누군가를 만난다 하더라도 소그룹이나 일대일로 대하는 환경을 더욱 편해하죠. 반면 외향성이 강한 사람들은 사회적 활동에서 힘을 얻고 기력을 회복합니다. 많은 사람과 대화하고 만나 아이디어를 얻을 때 행복을 느끼죠. 이 구분은 아주 엄격한 기준이 있는 것이 아니나 다른 사람과 비교하면서 감을 잡아볼 수 있습니다.

내가 다른 사람보다 좀 더 내성적인지, 혹은 외향적인지에 따라 자기 관리 욕구도 다르게 나타납니다. 내성적인 사람들은 다른 사람과 함께 할 필요가 없는 자기 관리를 우선시하는 편이죠. 그에 비해 외향적인 사람들은 다른 사람이 관여하지 않는 자기 관리를 지루하게 여깁니다.

다음 질문들을 통해 여러분은 어떤 성향에 가까운지 알아보고 그에 따른 치유의 자기 관리를 계획해보세요.

체크리스트

내 성향 알아보기

해당하는 항목에는 '그렇다', 해당하지 않는 항목에는 '그렇지 않다'를 체크하세요.

1. 다른 사람들에게 주로 사교적이고 외향적인 사람이라는 말을 듣는다.
   ☐ 그렇다   ☐ 그렇지 않다

2. 다른 사람들에게 주로 침착하고 내성적인 사람이라는 말을 듣는다.
   ☐ 그렇다   ☐ 그렇지 않다

3. 많은 사람들과 일하는 것이 즐겁다.
   ☐ 그렇다   ☐ 그렇지 않다

4. 한두 명의 사람과 일하는 것이 좋다. 여러 명과 함께 하는 상황은 불편하다.
   ☐ 그렇다   ☐ 그렇지 않다

5. 혼자 있는 것이 싫다.
   ☐ 그렇다   ☐ 그렇지 않다

6. 혼자만의 시간이 소중하며 그런 시간을 즐기는 편이다.
   ☐ 그렇다   ☐ 그렇지 않다

7. 당장 연락해도 부담스럽지 않은 친구와 지인이 많다.
   ☐ 그렇다   ☐ 그렇지 않다

8. 아는 사람이 그다지 많지 않다.
   ☐ 그렇다   ☐ 그렇지 않다

9. 새로운 활동이나 관심사에 과감히 뛰어드는 편이며, 때론 모든 일을 한 가지 방향으로만 바라보는 실수를 하기도 한다.
   ☐ 그렇다   ☐ 그렇지 않다

10. 새로운 기회를 만나도 너무 많이 생각하느라 뒤늦게 실행하는 실수를 하기도 한다.
   ☐ 그렇다   ☐ 그렇지 않다

11. 새로운 일에 성급히 뛰어들어 나중엔 원래 바라던 것과 이루려던 걸 잊는 일이 종종 있다.
   ☐ 그렇다   ☐ 그렇지 않다

12. 가끔 내 생각과 내면의 경험이 다른 사람들과 들어맞는지 확인하는 행위를 잊는다.
   ☐ 그렇다   ☐ 그렇지 않다

결과

홀수 번호 문항 중 네 개 이상 '그렇다'라고 대답했다면 내향성보다 외향성과 관련된 항목에서 더 높은 점수를 받은 것입니다. 홀수 번호 문항은 주변 사람과 관련된 자기 관리 활동이 두드러지는 항목에 해당합니다.

그에 비해 짝수 번호 문항에서 네 개 이상 '그렇다'라고 대답했다면 내향성에서 더 높은 점수를 받았다고 보면 됩니다. 이 경우의 자기 관리는 자기 자신이나 가까운 친구 몇 명과 보내는 시간에 더 초점을 맞춥니다.

만약 짝수 번호 문항과 홀수 번호 문항에서 고른 비율로 '그렇다'를 선택했다면, 내성적이거나 외향적인 활동 모두에서 비슷한 만족을 얻는 양향성 성격자ambivert에 해당할 가능성이 있습니다. 내향성과 외향성 모두를 동등하게 포함할 수 있는 자기 관리 루틴을 만들어보세요.

매일의
자기 관리

 사실 우리는 매일 자기 관리를 하고 있습니다. 뭘 먹을지 고민하여 맛있게 먹고, 날씨에 맞춰 옷을 골라 입고, 밤이 되면 편한 옷으로 갈아입은 뒤 잠에 들고, 사랑하는 사람들과 시간을 보내고, 오롯이 집중할 수 있는 취미를 즐기는 것 모두가 자기 관리이기 때문입니다. 이렇게 자기 관리가 일상이 되면 자기 관리가 내 기분에 미치는 영향을 알아차리지 못하게 됩니다. 익숙한 일들이니까요.

 그러므로 우리가 하고 있는 매일의 자기 관리를 깨달으면 내가 나아지고 있음을 실제로 느낄 수가 있습니다. 식사나 샤워, 잠옷 입기와 같은 일상적인 일이지만 내게 가장 좋은 것을 고르는 활동들을 떠올려보세요. 지금 내가 하는 일에 정신을 집중하는 것입니다. 또 그 일들을 하기 전과 하는 중, 끝내고 난 뒤의 감정에도 주목해보세요.

**나는 매일
어떤 일을
하고 있을까?**

Q1. 매일 아침에 하는 자기 관리 활동 중 가장 중요하게 생각하는 것은 무엇인가요? 그 일을 하기 전, 하는 중, 후의 감정은 주로 어떤가요?

Q2. 매일 낮에 하는 자기 관리 활동 중 가장 중요하게 생각하는 것은 무엇인가요? 그 일을 하기 전, 하는 중, 후의 감정은 주로 어떤가요?

Q3. 매일 저녁에 하는 자기 관리 활동 중 가장 중요하게 생각하는 것은 무엇인가요? 그 일을 하기 전, 하는 중, 후의 감정은 주로 어떤가요?

여유로움 갖기

아무리 매일 하는 일이라도 여유가 없거나 심신이 지쳤을 때는 제대로 하기가 힘들죠. 아침에 하는 샤워를 중요하게 여기는 사람도 남의 일까지 대신 해주느라 피곤이 쌓인 상황이면 대충 샤워하고 나올 수밖에 없습니다. 때로는 내가 샤워를 하는 건지, 그냥 물을 몸에 끼얹는 건지조차 모를 정도죠. 하지만 5분 샤워하려다 10분으로 늘렸다고 해서 그날 모든 일이 다 늦어지거나 틀어지는 건 아닙니다. 그런 여유를 지녀야 여러분의 페이스대로 움직일 수 있어요.

5분 만에 씻고 나가지 말고 따뜻한 샤워기 물 아래서 잠시 눈을 감고 몸을 이완시키세요. 또 평소 점심을 먹으면서 굳이 이메일을 체크했다면 휴대폰을 손에서 놓은 채 식사에만 집중해봅니다. 점심을 빨리 먹고 들어가려고 음식을 입에 욱여넣는 직장인도 참 많죠. 그러지 말고 음식의 맛을 음미하면서 식사해보세요.

잠깐의 여유를 즐긴다고 해서 세상이 무너지는 건 결코 아니니까요. 오히려 스스로가 좀 더 특별해지는 기분을 느낄 수 있을 것입니다.

자기 관리에 관한
10가지 아이디어

이제 자기 관리에 좋은 환경을 만들어봅시다. 신체, 정신, 정서, 영혼, 관계라는 5가지 영역에 매일 관심과 주의를 기울일 수 있도록 몇 가지 나만의 규칙을 정해보는 거예요.

다음 10가지 아이디어들은 자기 관리 환경을 만드는 데 도움이 되는 것들입니다. 참고해서 여러분만의 자기 관리 규칙을 생각해보세요.

1. 반려동물 키우기
2. 운동 또는 춤추기
3. 친구와 만나 대화하기
4. 미뤄왔던 사소한 집안일 끝마치기
5. 밖으로 나가 햇빛 쐬기(비타민D 합성)
6. 사는 곳을 벗어나 어디로든 떠나기

7. 주거 공간을 새롭게 꾸미거나 재배치하기

8. 할 일 목록을 만들고 해낼 때마다 지워버리기

9. 한 번도 해보지 못한 활동이나 낯선 분야를 배워보기

10. 퍼즐 맞추기, 그리기, 악기 연주, 음악 감상, 독서 등 취미 활동 하기

6장을 마무리하며

Q1. 어떤 문제가 가장 마음에 와닿았나요?

Q2. 어떤 문제가 가장 마음에 와닿지 않았나요?

Q3. 6장을 끝낸 지금, 기분이 어떤가요? 6장을 읽기 전과 후의 기분 변화를 써보세요.

Q4. 6장의 연습 문제들을 통해 무엇을 얻었나요?

"나는 나로서 살아갈 것이다."

7장
관계 관리

자존감을 잃지 않는 관계 구축하기

7장에서는 앞으로 구축할 건강한 관계에 대해 더 명확한 그림을 그려갈 때 도움이 되는 연습을 해볼 거예요. 가스라이팅 트라우마 치료는 내가 그동안 어떤 식으로 가스라이팅을 당했는지 이해하는 것에서 시작하지만, 온전한 회복에 닿으려면 실천까지 이루어져야 합니다. 내 손으로 직접 만들어가는 건강한 관계를 만들 때 비로소 트라우마가 사라지는 것이죠. 그럼 이제 본격적으로 시작해볼까요?

건강한 관계를
만들어나가려면

분별과 반전

관계의 변화를 위한 탐구를 시작하면 처음엔 '건강하지 않은' 관계부터 집중하게 됩니다. 가스라이팅 트라우마가 있는 피해자들은 더욱 그렇게 되죠. 물론 건강하지 않은 상황을 알아차리고 파악하는 것은 중요하지만, 만약 그저 독이 되는 관계를 분별해내는 데 그친다면 건강한 관계는 놓치기 쉽습니다. 그림을 감상할 때도 가만히 서서 들여다보면 첫눈에 보지 못한 부분도 발견해나가면서 하나의 그림을 온전히 느낄 수 있듯, 관계 역시 초점을 맞추지 못한 관계들도 인식함으로써 건강한 관계를 완성해나갈 수 있습니다.

독이 되는 관계의 특성과 반대되는 특성을 적어보며 건강한 관계가 어떠한 형태로 나타나는지 알아봅시다. 다음에 나열된 해로운 관계의 특성에 관해 적어도 하나 이상의 반대되는 특성을 대응시켜보세요.

해로운 관계	건강한 관계
잔인할 만큼 냉정한 정직함	다정함이 동반된 정직함
가스라이팅	확신을 주는 말
질투	진심을 담은 축하
부정직함	정직과 진실
부족한 공감 능력	따스한 공감
심각한 의존	독립성이 보장되는 의존
불균형한 힘의 분배	균형
강제	자율
폭력성	평화
규칙 준수에 관한 강압	규칙에 대한 동의
타협의 거부	지속 가능한 타협

건강한 관계의 자질들

특정한 특성, 행동, 태도, 기대가 해롭고 학대적인 관계를 구축하죠. 마찬가지로 이런 특정 특성과 행동, 태도, 기대에 반대되는 것들이 건강한 관계를 만듭니다.

다음은 건강한 관계의 7가지 핵심 자질입니다. 잘 익혀보세요.

1. 서로 굳건히 신뢰한다.

2. 서로 인간적으로 존중한다.

3. 서로 정직하며 거짓말을 하지 않는다.

4. 서로 만족하는 타협점을 찾으려 협력한다.

5. 각자 경계가 뚜렷하며 이를 서로 존중한다.

6. 서로 적극적으로 의사를 밝히고 잘 들어준다.

7. 서로의 아픔을 어루만지며 연민의 감정을 지닌다.

관계 역할 모델을 찾아라

누구나 살면서 존경하는 사람이 못해도 한 명은 있을 것입니다. 그는 다른 사람들과 어떤 관계를 맺는지 알아보세요. 가족과는 어떤지, 자녀가 있다면 자녀와는 어떤지, 친구나 동료, 연인과는 어떤지 인터뷰를 해보는 겁니다. 그 사람의 관계 맺기를 보고 존경할 만한 태도가 있다면 배워보세요. 가스라이팅 피해자들은 오랜 기간 해가 되는 관계에 놓여 있었고, 가스라이터가 끊어놓은 건강한 관계가 많아 이처럼 관계 역할 모델을 찾아 따라 해보는 게 도움이 됩니다.

**나의
현재
관계는?**

Q1. 인생에서 경험한 가장 건강하지 않았던 관계를 떠올려보세요. 그 관계는 왜 나에게 해가 되었나요?

Q2. 다른 사람, 영화, 소설 등에서 보았던 가장 건강하다고 생각한 관계를 떠올려보세요. 그 관계는 어떤 부분에서 서로에게 이점이 있었나요?

Q3. 건강하다고 평가한 관계와 내가 겪은 해가 되는 관계 사이엔 어떤 차이가 있나요?

―― 체크리스트 ――

나의 관계 건강 지수

다음 물음에 답하며 여러분의 현재 관계 건강 지수를 알아보세요. 각 질문을 주의 깊게 읽고 관계를 가장 정확하게 설명하는 항목을 선택하면 됩니다. 모든 질문에 답한 뒤 마지막에 결과를 확인해보세요.

내가 알아볼 관계(사람): _____

	항상 그렇다	자주 그렇다	가끔 그렇다	거의 그렇지 않다	절대 그렇지 않다
1. 나의 목표와 관심사를 지지한다					
2. 새로운 시도를 격려해준다					
3. 내 고민을 들어준다					
4. 내 경계를 존중해준다					
5. 우리의 관계를 벗어난 내 개인적 삶도 지지해준다					
6. 내 감정을 신경 써준다					
7. '싫다'고 하면 받아들여준다					
8. 내게 친절하다					
9. 내가 너무 예민하다고 말한다					
10. 비판을 잘 받아들여야 한다고 말한 적이 있다					
11. 자기 실수나 잘못을 인정하지 않는다					
12. 내가 다른 사람과 시간 보내는 것을 싫어한다					
13. 함께 있으면 내가 모자란 사람처럼 느껴지게 만든다					

14. '싫다'고 말할 때마다 죄책감을 느끼게 만든다

15. 종종 내게 못되게 굴거나 예의 없이 대할 때가 있다

16. 함께 있으면 내 판단력에 의문을 품게 된다

질문 1~8 점수

항상 그렇다 4점 – 자주 그렇다 3점 – 가끔 그렇다 2점 – 거의 그렇지 않다 1점 – 절대 그렇지 않다 0점

질문 9~16 점수

항상 그렇다 0점 – 자주 그렇다 1점 – 가끔 그렇다 2점 – 거의 그렇지 않다 3점 – 절대 그렇지 않다 4점

점수 결과 43~64점

해당 관계는 꽤 건강한 편. 대체로 긍정적인 상호작용과 특성 및 행동이 적용되고 있으며, 상처를 주거나 해로운 행동은 비교적 적게 포함됩니다.

점수 결과 22~42점

해당 관계는 평등한 편. 상대는 당신을 존중하고 걱정해주며 일부 사려 깊은 행동 또한 해주고 있습니다. 의견이 충돌할 경우 서로의 원하는 바를 말할 수 있고, 상대는 그에 관한 행동을 당신을 위해 기꺼이 할 수 있습니다.

점수 결과 0~21점

해당 관계는 위험 수준. 상대는 당신을 배려하지도 않고 지지하지도 않습니다. 개선의 여지가 전혀 없는 것은 아니나 현재로서는 건강하지 않은 관계라 볼 수 있습니다.

건강한 관계를 위한
나 탐구

관계하는 나

　가스라이팅 학대에서 벗어난 사람들이 건강한 관계를 새로이 구축할 때 겪는 어려움 중 하나는 자신의 본능을 다시 신뢰하지 못하는 것입니다. 가스라이터는 피해자들이 해로운 관계에 관한 자신의 반응을 의심하도록 해왔기 때문입니다.
　그래서 이번엔 우리의 몸을 통해 관계의 긴장 여부를 알아내는 방법을 살펴볼 거예요. 먼저 해롭다고 생각하는 관계를 떠올려보세요. 그리고 그와 나눈 부정적인 상호작용에 관한 기억을 끄집어내보세요. 단, 너무 최악의 기억은 피하도록 합니다. 마음이 좀 상했지만 너무 벅차지는 않았던 기억을 생각해내세요. 그다음 건강하다고 생각되는 관계를 떠올리고 그와 나눈 긍정적 상호작용의 기억도 떠올려보세요. 확실히 떠올렸다고 생각한다면 다음 질문에 답해봅니다.

해로운 관계 속의 나	**Q1.** 내게 해로운 영향을 주었던 그와의 상호작용을 떠올리니 어떤 감정이 드나요? **Q2.** 그와의 상호작용을 떠올리니 몸은 어떤 반응을 보이나요? 호흡(가빠지거나 느려짐 또는 얕아지거나 깊어짐), 근육의 긴장도(턱이나 손에 힘이 들어간 정도), 통증이나 뻣뻣함의 정도(갑작스러운 두통 또는 복통), 기타 느껴지는 다른 긴장감에 주의를 기울여보세요. **Q3.** 그와의 상호작용을 떠올리고 나서 본능적으로 나온 자세가 있나요? 혹은 어떤 자세를 취하고 싶어졌나요?
건강한 관계 속의 나	**Q4.** 내게 사랑과 지지, 인정을 전해준 그와의 상호작용을 떠올리니 어떤 감정이 드나요? **Q5.** 그와의 상호작용을 떠올리니 몸은 어떤 반응을 보이나요? **Q6.** 그와의 상호작용을 떠올리고 나서 본능적으로 나온 자세가 있나요? 혹은 어떤 자세를 취하고 싶어졌나요? **Q7.** 해로운 관계와 건강한 관계를 떠올리며 나타난 몸의 반응은 서로 어떤 차이가 있나요?

비현실적 기대의 재설정

가스라이팅 피해자들은 물론, 해로운 관계를 경험한 사람은 관계에서 발생한 문제를 생산적으로 처리하는 데 어려움을 겪습니다. 자신에게 해가 되는 상대와 거리를 두지 않으면서 그들의 행동이 변하거나 멈춰지길 하염없이 바라죠. 때론 정서적 학대를 일삼는 상대를 위해 변명까지 대신 늘어놓기도 합니다.

우리는 모두 결점이 있는 불완전한 존재들입니다. 따라서 실수나 오해가 아예 없길 기대하는 건 비현실적입니다.

이제 비현실적인 기대를 다시 설정해봅시다. 이것만으로도 해가 되는 관계를 굳이 부여잡으며 계속해서 상처받는 일은 없을 것입니다. 아래 비현실적 기대들을 보면서 여러분이라면 어떻게 재설정하고 싶은지 생각해보세요.

비현실적 기대1 상대가 나를 완성시켜줄 것이다
→ **현실적 재설정** 나는 지금 이대로도 완성되어 있다. 상대와 나는 서로의 모자란 부분을 채워주지만 우리 둘 다 상대가 전부일 필요는 없다.

비현실적 기대2 올바른 경계를 설정하면 상대가 내게 하는 나쁜 행동을 멈출 것이다
→ **현실적 재설정** 경계는 나의 행동과 선택, 아량의 정도를 정하는 일이다. 내 경계로 나 자신을 제외한 다른 사람을 바꿀 수는 없다.

비현실적 기대3 내가 사랑하는 사람이 화가 났다면, 내 잘못이 아니어도 그의 기분을 반드시 풀어주어야 한다

→ **현실적 재설정** 나는 내 감정과 행동에 책임이 있고, 내가 사랑하는 사람의 감정과 행동의 책임은 그 자신에게 있다. 다만, 나는 사랑하는 사람의 감정에 연민을 느낄 수는 있다.

비현실적 기대4 사랑은 '미안하단 말'을 하지 않아도 된다

→ **현실적 재설정** 만일 의도와 다르게 누군가에게 상처를 주게 되었다면, 책임지고 잘못을 바로잡기 위해 노력해야 한다.

비현실적 기대5 진정 건강한 관계는 절대 나에게 고통을 주지 않는다

→ **현실적 재설정** 우리는 모두 실수할 수 있는 인간이다. 그러므로 다른 사람에게 완벽함을 기대하지 않아야 하며 나 자신도 실수할 수 있음을 기억해야 한다.

"내게 다가오는 관계 중 어떤 것을 취할지는
오로지 내 의지로만 결정할 수 있다."

나만의 건강한 관계를 만들어나가다

건강한 관계의 이점

건강한 관계를 맺으면 어떤 점이 좋을까요? 다음은 건강하고 긍정적인 관계의 이점들입니다. 밑에 여러분이 생각하는 이점도 적어보세요.

- 신체 건강에 이롭다.
- 정신 건강에 이롭다.
- 안정감을 느낄 수 있다.
- 자신감과 자존감을 북돋아준다.
- 부모의 관계가 건강하면 아이도 건강한 어른으로 자란다.
- 상대와의 연결이 끊어지지 않은 상태에서도 갈등을 해결할 수 있다.
- 출생, 사망, 결혼, 이혼, 경력의 변화와 같은 인생의 중요 전환기 때 지지를 받을 수 있다.

**건강한 관계
이점 탐구**

Q. 내가 생각하는 건강한 관계의 또 다른 이점에는 어떤 것이 있나요?

건강한 관계 속 행동들

건강한 관계는 마음가짐과 의도, 행동을 통해 만들어집니다. 다음은 건강한 관계 속에 나타나는 행동들입니다. 여러분이 생각하는 건강한 관계 속 행동들도 적어보세요.

- 감사 표시하기
- 현실적 기대감 느끼기
- 사랑하는 사람 지지해주기
- 다른 사람의 경계 존중하기
- 동료들과 호흡하며 협업하기
- 신뢰를 줄 수 있게 일관적으로 행동하기
- 적극적인 자기주장이 담긴 의사소통하기
- 자기 생각과 감정, 행동에 대해 책임지기

**건강한 관계
행동 탐구**

Q. 내가 생각하는 건강한 관계 행동에는 어떤 것이 있나요?

현재의 관계
키워나가기

친구와의 깊은 우정, 서로를 지지해주는 가족 사이, 직장 동료와의 견고한 의리는 가스라이터가 나의 삶을 무너뜨리려 할 때 귀중한 지원군이 되어줍니다. 나를 사랑하고 지지해주는 사람들을 당연하게 여기지 마세요. 소중한 관계일수록 더욱 신뢰를 굳건히 키워나가는 노력이 필요하니까요.

함께 시간 보내기

함께하는 것만큼 관계를 성숙하는 데 좋은 건 없죠. 하지만 요즘처럼 바쁜 시대엔 소중한 이들과 만나는 시간이 줄어들 수밖에 없습니다. 만날 수 없다면 안부 연락이라도 꾸준히 건네세요. 몸은 떨어져 있어도 마음은 가까이에 있다는 것을 알 수 있는 시그널을 여러 방법으로 보내야 합니다.

**관계
키우기**

Q. 내게 소중한 사람 중 지금 가장 만나고 싶은 사람은 누구인가요? 그 사람에게 문자메시지를 보낸다면 뭐라고 보내고 싶나요?

감사의 마음 전하기

서로를 사랑하고 응원하는 관계는 금보다 더 가치가 있지만, 우리는 종종 그들에게 감사의 마음을 전하지 않습니다. 부끄럽다는 이유거나 말 안 해도 알 거라는 이유죠. 아니에요. 표현하지 않으면 제대로 전달할 수 없습니다. 감사하다면 감사를 말로 꼭 표현하세요.

대중문화 속 건강한 관계 모델들

영화나 TV 프로그램에 나오는 관계들은 건강하지 않은 모습을 보일 때가 많습니다. 하지만 일부는 건강한 관계 모델을 제시해주죠. 다음은 긍정적으로 나타난 몇몇 관계 모델들의 예입니다. 한번 찾아서 감상해보세요.

- 미국 드라마 〈블랙키시 Black-ish〉 – 존슨 가족의 관계
- 미국 드라마 〈디스 이즈 어스 This Is Us〉 – 피어슨 가족의 관계
- 미국 드라마 〈모던 패밀리 Modern Family〉 – 캐머런과 미첼의 혼인 관계
- 미국 드라마 〈내가 그녀를 만났을 때 How I Met Your Mother〉 – 테드와 마셜의 친구 관계
- 미국 드라마 〈마담 세크러터리 Madam Secretary〉 – 엘리자베스와 헨리 맥코드의 혼인 관계
- 미국 드라마 〈팍스 앤 레크리에이션 Parks and Recreation〉 – 벤 와이엇과 레슬리 노프의 연인 및 혼인 관계
- 영화 〈주노 Juno〉 – 주노와 맥의 부모 자식 관계
- 영화 〈반지의 제왕 Lord of the Rings〉 – 호빗들의 친구 관계
- 영화 〈해리 포터 Harry Potter〉 시리즈 – 해리와 헤르미온느, 론의 친구 관계
- 영화 〈세레니티 Serenity〉와 미국 드라마 〈파이어플라이 Firefly〉 – 리버와 사이먼 탐의 형제자매 관계

감사 표현하기

Q. 내게 소중한 사람에게 감사를 표현한다면 어떤 방법으로 하고 싶은가요? 지금 가장 감사한 사람에게 그 방법으로 표현해보세요.

상대를 지지해주기

가스라이팅 피해자들은 가스라이터에게 늘 도움을 받아왔다는 죄책감에 시달려왔기 때문에, 자기가 누군가를 도울 수 없다고 생각합니다. 하지만 건강한 관계에서는 서로가 서로의 모자란 부분을 채워줍니다. 실질적 도움까지는 못 주더라도 응원하고 지지해주며 힘을 북돋아주죠.

상대를 지지하는 방법은 여러 가지입니다. 슬픔에 빠진 사람을 위해 요리를 해주거나 울고 있는 친구를 위해 어깨를 내어주는 것도 좋은 지지 방법이에요. 이런 작은 행동도 누군가에게 큰 힘이 될 수 있으니 자신감을 가지도록 하세요.

지지해주기　　　Q. 소중한 사람이 힘들어할 때, 어떤 방법으로 지지해주고 싶나요?

우선순위 정하기

개선하거나 도망치고 싶은 관계가 있으면 그곳에 많은 에너지를 쓸 수밖에 없어요. 하지만 그게 너무 과해지면 현재 내게 귀중한 관계에 소홀해지거나 오히려 자신의 경계가 흔들리게 될 수도 있습니다. 사실 경계를 설정하고, 적극적으로 자기주장을 하고, 건강한 관계에 에너지를 쏟는 게 더욱 가치 있는 일이에요. 특히나 우선순위가 뒤로 밀린 관계는 위축될 위험이 있으므로 현재 관계들에게서 시선을 놓치면 안 됩니다.

우선순위 정하기

Q. 현재 나의 관계에서 가장 중시해야 할 관계는 무엇일까요? 또 내게 소중한 관계를 등한시하지 않기 위해서는 어떤 일을 해야 할까요?

가스라이팅
사이클을 끊다

자, 이제 건강한 관계를 설정했습니다. 그러나 가스라이팅과 같은 해로운 관계는 다시 상처를 주며 해로운 관계로 돌아가게 하는 '사이클' 메커니즘을 띄고 있어요. 이 사이클을 끊어내야만 다시는 가스라이팅의 피해를 겪지 않을 수 있습니다. 지금부터 가스라이팅 사이클을 끊어봅시다.

관계 트라우마 인식

앞서 해본 연습들을 떠올리며 내 안에 자리 잡은 관계와 관련한 트라우마를 인식해보세요. 이는 새롭게 구성할 관계의 토대가 될 것입니다.

**내 관계
상처에 대하여**

Q1. 나를 가스라이팅에 취약하게 만드는 자기 신념에는 무엇이 있나요? 2~5장의 모든 연습 문제들을 복습하여, 어떤 자기 신념이 나를 가스라이팅에 취약하게 만들었는지 살펴봅니다.

Q2. 나를 꼼짝 못 하게 하는 자아 개념은 무엇인가요? 3~6장의 모든 연습 문제들을 복습하여, 내가 나를 어떻게 바라보았고 그중 무엇이 가스라이팅에 빠지게 만들었는지 살펴봅니다.

Q3. 내가 참아온 정서적 학대는 무엇이었나요? 1~2장의 가스라이팅 설명을 토대로 내가 겪은 정서적 학대를 살펴봅니다.

사이클 끊기

인식한 상처를 바탕으로 가스라이팅 사이클을 끊어봅시다. 나를 가스라이팅에 취약하게 만든 자기 신념을 떨쳐내고자 노력하고, 나를 꼼짝 못 하게 했던 자아 개념에 도전하며, 앞으로는 정서적 학대를 극렬히 거부하는 것입니다. 이 연습이 충분히 된다면 가스라이터가 또다시 가스라이팅을 하려고 접근한다고 해도 휘말리지 않을 수 있습니다.

미끼 조심하기

가스라이터는 만약 피해자가 가스라이팅 사이클에 휘말리지 않으려 굳건히 버티고 자신에게 해가 되는 행동을 큰 소리로 지적한다면 전략을 바꿔 자신의 행동을 고치겠다고 약속할 수도 있습니다.

그러나 가스라이터의 이 약속은 정말 고치겠다는 뜻이 당연히 아닙니다. 속이 텅 빈 거짓 약속이죠. 그저 잠깐 피해자들에게 가스라이팅 사이클을 깰 수 있다는 희망만 맛보게 하여 경계심을 낮추려는 의도입니다.

바다 가장 깊은 곳에 사는 희귀 물고기인 아귀anglerfish는 머리 부분에 긴 낚싯대 모양의 막대가 달려 있는데, 이 막대 끝에 빛을 발산하여 주변의 작은 물고기들을 유혹한 뒤 가까이 접근하면 먹어치워버립니다. 아귀의 가짜 빛처럼, 가스라이터의 가짜 약속 역시 피해자를 가스라이팅 사이클에 끌어들이는 미끼임을 꼭 기억해야겠습니다.

**건강한
관계에서
일어나는
의도치 않은
가스라이팅**

나쁜 의도 없이도 가스라이팅과 같은 정서적 학대가 일어날 수 있다는 게 믿어지나요? 놀랍게도 모든 학대가 부정적 관계에서만 발생하는 건 아니에요. 때론 친절하고 다정한 사람과의 관계에서도 정서적 학대가 일어날 수 있습니다. 심지어 이때 가스라이터들은 자기가 무슨 짓을 하고 있는지 전혀 알아차리지 못하는 경우도 많습니다.

이런 경우, 가스라이터는 더욱 건강한 관계를 만들기 위한 의지와 동기를 가지고 있는 바람에 자신의 행동에 따르길 권유하는 과정에서 의도치 않게 상처를 줍니다. 또 때론 아무 의도 없이 한 행동이 상황 맥락상 가스라이팅이 되는 경우도 있죠. 건강한 관계에서 의도치 않게 일어나는 가스라이팅은 가해자도, 피해자도 정말 알아차리기 어렵기 때문에 면밀한 관찰이 필요합니다.

검은 얼룩의 존재 확인하기

'까마귀 노는 곳에 백로야 가지 마라.' 이 속담은 나쁜 사람과 가까이 지내면 나쁜 버릇에 물들기 쉽다는 뜻입니다. 시간이 흐르면, 가스라이팅 피해자들은 어느새 가스라이터와 똑같이 해로운 행동을 하는 자신을 발견하게 될지 모릅니다. 안타깝게도, 학대 피해자들은 또다시 피해자가 되는 상황을 피하는 유일한 방법이 자신이 당한 학대를 다른 사람에게 돌려주는 것이라 오판할 때가 있기 때문입니다. 여러분도 자신의 행동에 묻어 있을지 모르는 가스라이팅의 잔재를 경계하면서 관계에 임하기 바랍니다.

사과의 기술

사과는 관계 구축에 꼭 필요합니다. 건강한 관계를 맺고 있는 사람이라도 실수하고 상대에게 상처 주는 걸 완전히 피할 수는 없기 때문이죠. 마냥 사과를 피하려 하지 말고 언제, 어떻게 진실한 사과를 해야 하는지 아는 게 좋습니다. 효과적인 사과의 기술들을 소개합니다.

- 더 나아지겠다는 약속이 필요하다.
- 사과의 초점은 내가 한 행동 자체에 대한 것이어야 한다.
- 정말 잘못된 행동을 했거나 상처를 준 경우에만 사과한다.
- "미안하게 생각해. 근데…"는 사과가 아니다. 진실되게 사과한다.
- 실수한 즉시 사과하는 것이 가장 좋으며, 되도록 늦지 않게 사과한다.

나 자신과의
건강한 관계

 가스라이팅 트라우마 치료의 궁극적 목표는 '나 자신과의 관계를 새롭게 만드는 데' 있습니다. 가스라이터가 앗아간 진짜 나 자신을 다시 내 삶의 중심에 두는 것이죠. 오랜 가스라이팅을 당한 피해자는 스스로를 불신하고 자아 감각도 흐려져 있습니다. 그래서 내가 나를 해로운 관계에 던져놓고 관망하게 되죠. 따라서 가스라이팅 트라우마 치유의 완성은 자신과의 연결 고리를 다시 만들며 이루어집니다.

 6장의 자기 관리 연습 문제들을 다시 살펴보세요. 에너지를 쏟아야 건강한 관계가 잘 자라나듯, 나 자신과의 관계를 회복하는 데도 에너지를 쏟아야 합니다. 나 자신과의 관계를 재발견하고, 영양분을 공급하고, 깊이를 더하려는 마음으로 스스로에게 약속 편지를 써볼까요? 여러분은 자기 연민의 약속을 받을 자격이 있는 존재니까요.

to. 오랫동안 자기 불신 속에서 힘겨웠을 나에게 쓰는 편지

**7장을
마무리하며**

Q1. 어떤 문제가 가장 마음에 와닿았나요?

Q2. 어떤 문제가 가장 마음에 와닿지 않았나요?

Q3. 7장을 끝낸 지금, 기분이 어떤가요? 7장을 읽기 전과 후의 기분 변화를 써보세요.

Q4. 7장의 연습 문제들을 통해 무엇을 얻었나요?

나가며

가스라이팅 밖으로
온전히 탈출한 분들에게

 자, 지금까지 여러분은 가스라이팅에서 탈출하기 위한 모든 연습을 완료했습니다! 전보다 더 강해진 자기 확신을 가지고 새로운 삶을 향해 나아갈 준비를 다 했어요.
 이 페이지에 오기까지의 여정은 어땠나요? 어떤 연습들은 유독 어렵게 느껴졌을 겁니다. 그럼에도 잘 해낸 스스로를 자랑스러워하기 바라요. 혹 너무 힘들어 해내지 못한 연습이 있어도 괜찮습니다. 천천히 확신을 찾아가다 보면 언젠가는 명료한 답을 낼 날이 올 테니까요. 전문 상담사의 도움을 받아도 좋아요. 도움을 청하는 것은 실패했다는 증표가 아니라 약간의 도움이 필요하다는 단순한 인정일 뿐이니까요.
 앞으로 여러분이 맺을 모든 관계는 건강하고 만족스러울 것입니다. 물론 단언할 수는 없겠지만, 이 연습 과정은 성장과 변화의 가능성이란 씨앗을 여러분 가슴에 분명 심어주었을 거예요. 가능성이 있다는 것만으로도 우리의 삶은 완전히 달라질 수 있습니다.

지금 이 순간, 여러분의 자기 감각은 어떤가요? 자아 개념은 확고해졌나요? 경계 설정을 마무리했나요? 앞으로 어떤 관계에서든 공정한 대우를 요구하고 불편한 관계를 끊어낼 자신이 생겼나요? 스스로에게 물어보되 다그치지는 말아주세요. 이미 이 책을 펼쳤다는 것에서부터 여러분은 가스라이팅 사이클을 벗어나는 위대한 걸음을 시작한 셈입니다.

여러분은 강하고 용감할뿐더러 스스로 회복할 힘을 충분히 지녔습니다. 그뿐만 아니라 다정하고 굳세며 건강한 관계를 만들어낼 자격과 능력 또한 겸비했습니다. 전보다 더 강하고, 더 자신감으로 가득 차고, 그리고 더 온전히 자기 자신을 느끼며 인생의 다음 장을 시작할 수 있습니다.

그런 여러분께 행운이 함께하길 바랍니다.

감사의 말

항상 이런 날이 올 줄 알았다고 해주었던 사람들, 엄마와 돌아가신 아빠께 먼저 감사 인사를 전합니다. 제가 언젠가 작가가 될 거라고 믿어주셨던 것 감사드려요. 또 계속해서 글을 쓸 수 있도록 격려해주시고 제가 다른 사람을 돕는 꿈을 이룰 거라며 응원해주신 것도 감사드립니다. 아빠, 아빠가 절 자랑스러워하실 거라는 거 알아요.

저를 응원해주고 제가 삶의 중요한 이정표를 지나올 때마다 축하해주었던 친구들과 동료들에게도 감사 인사를 전합니다. 에이미, 크리스틴, 마리셀, 날 따스하게 바라봐주고 격려해주고 지지해줘서 정말 고마워.

저의 용감한 내담자들에게도 감사드립니다. 제게 회복할 수 있는 힘과 강인함의 본질을 가르쳐주신 여러분들은 정말 멋진 분들입니다.

마조리 레빗 박사님, 치유의 핵심이 관계에 있다는 점을 가르쳐주셔서 감사합니다. 초보 치료사들을 가르치며 지원해주신 점도 감사드려요.

내게 놀라움을 주는 예쁜 딸들 케일린과 엘리노어, 바쁜 엄마를 이해해줘서 고마워. 엄마가 하는 일은 모두 너희가 살아갈 세상이 더 나아지길 바라는 마음에 바탕을 두고 있단다. 우리 두 딸 정말 많이 사랑한다.

마지막으로 내 남편 톰, 내 삶에 함께해준 당신에게 사랑과 감사, 그리움을 어떻게 표현해야 할지 모르겠어요. 날 사랑해주고, 응원해주고, 격려해주고, 내가 여러 도전을 할 수 있게 해줘서, 또 많은 부분을 이해해줘서 고마워요. 이 책을 쓸 수 있도록 육아에서 가장 중요한 역할을 맡아준 점도 고마워요. 사랑해요.

"나는 자신감이 넘치고 단호하며
가치 있는 사람이다."

옮긴이 **양소하**

언어가 좋아 대학에서 영문학과 일문학을 전공하고 도쿄일본어학교를 졸업했다. 외국계 기업에서 근무했고 현재는 서울중앙지방법원 소속 통번역지정인으로 통번역 일을 이어가고 있다. 글밥아카데미에서 영어 및 일본어 출판 번역 과정을 수료한 뒤에는 바른번역 소속 번역가로도 활동 중이다. 옮긴 책으로는 《일본의 다섯 공주 이야기》, 《How to be Fine》(근간), 《Your Hidden Motives》(근간)이 있다.

자기 불신에서 벗어나
삶의 확신을 되찾는 자아회복 지침서
그게, 가스라이팅이야

초판 1쇄 발행 2021년 7월 26일
초판 3쇄 발행 2022년 1월 21일

지은이 에이미 말로 맥코이
옮긴이 양소하
펴낸이 변민아
편집인 박지선, 서슬기
마케터 유인철
디자인 오성민
그 림 여정(인스타그램 @yeojung.art)
인 쇄 책과6펜스(안준용)

펴낸 곳 에디토리
출판등록 2019년 2월 1일 제409-2019-000012호
주소 경기도 김포시 김포대로 839, 204호
전화 070-8065-4775 | **팩스** 031-8057-6631
홈페이지 www.editory.co.kr
이메일 editory@editory.co.kr
인스타그램 @editory_official

Copyright 에이미 말로 맥코이, 2021
ISBN 979-11-974073-4-5 (03180)

• 책값은 뒤표지에 있습니다.
• 파본은 구입하신 서점에서 교환해드립니다.
• 이 책은 저작권법에 의하여 보호를 받는 저작물이므로 무단 전재와 복제를 금합니다.
  이 책의 전부 또는 일부를 재사용하려면 반드시 에디토리와 저작권자의 동의를 받아야 합니다.

판형 150x212mm | 표지종이 아르떼 울트라화이트 210g | 본문종이 백색모조 100g
제본방식 무선제본 | 표지후가공 써멀무광라미네이팅, 부분 에폭시

나란 우주를 탐험하는 콘텐츠 놀이터
EDITORY